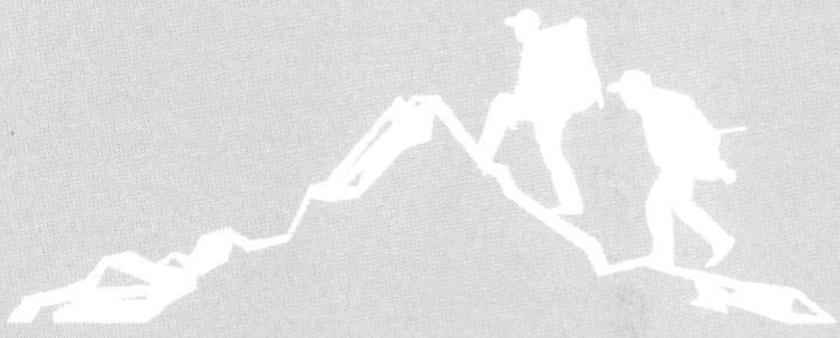

自然公園 081

The Footprint
of Taiwan Mountain

連峰縱走

——楊南郡的傳奇一生——

徐如林／著

晨星出版

CONTNETS

輯一 百岳時代

輯二

與子偕行

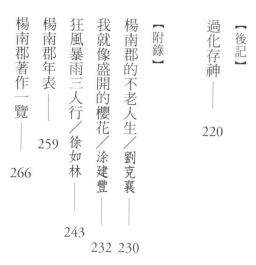

【後記】

【附錄】

〈自序〉連峰縱走。

大約十年前，某一個假日，一位中學老師來家中拜訪。

他一進門就很興奮的說：「楊老師，我是您的粉絲，我得到國史館的委託案，要幫您寫傳記，您的書我全部都看過好幾遍了。」

「我還沒死啊？國史館為什麼要把我當做歷史？」楊南郡一邊請他進來客廳坐，一邊疑惑的問。

「不是這樣說的，因為楊老師您對臺灣的踏查、研究和貢獻，國史館認為已經有資格被立傳了。」這位文質彬彬的老師，焦急的解釋，同時趕緊打開書包。

「這是先前我寫的傳記，請您先過目一下。」說著，他恭恭敬敬的遞出兩本國史館出版的，卅二開本的傳記書，果然都是已有名望的賢達人士。

楊南郡一面翻著書，一面聽訪客絮絮叨叨地說：「您看，這都是先前我閱讀老師書籍所做的筆記。」我看著密密麻麻的筆記，心想，這位老師比學生準備大考還用功哪。

「唉呀，你寫得太好了吧？書裡的人好像都是聖人一樣。」楊南郡把書推回去，哇啦哇啦的說：「我不是什麼偉大的人，我從小沒有看過小魚逆流向上游，我也不曾立過什麼偉大的志向，我只是做我自己喜歡做的事，也沒有什麼大不了的成就。像我這樣的人，應該沒辦法讓你寫什麼傳記吧？」

訪客被這一番話嚇呆了，他原本預期楊南郡應該高高興興地接受國史館的美意吧？他開口吶吶的想解釋，卻說不出話來，臉色瞬時灰暗，顯得十分沮喪。

我實在受不了看到中年男人這種泫然欲泣的表情，就把楊南郡拉到書房，跟他商量說：「誒，人家好不容易得到這個賺外快的機會，你就讓他寫好了。反正國史館出版的書，也沒有幾個人會買來看。」

「而且你看，他為了替你寫傳記，事先已經那麼『認真努力』的做了這麼多功課。」我特別強調「認真努力」，是因為楊南郡特別喜歡認真的人，只要被他認定是認真研究的年輕學者，他從不吝表達他的激賞，送書、給資料，甚至相機、登山用品等，一點都不手軟。

我的話果然產生作用，楊南郡沉吟了一下，好像回心轉意了。不料，他又開口說：「我的人生還有很多可能性，如果現在就被寫成傳記，將來的事怎麼辦？」

聽到七十幾歲的人，對自己的未來還有那麼多的期許，我只好在欽佩之餘，委婉的勸慰那位興沖沖來訪的老師，看著他垂頭喪氣的離開……。

本來，國史館十年前委託專人為楊南郡寫傳記也沒有錯。通常一般人年過七十五，體力、精神與創作力，大約都開始衰敗了。趁著還能夠接受訪問的時候，為他們留下人生功業的見證，也是合情合理的事。

偏偏楊南郡不是一般人，七十六歲的他，當時正在全心全力翻譯註解臺灣原住民的經典巨著：《臺灣原住民族系統所屬之研究》，超過一百萬字的譯文

楊南郡在關山稜線上。

和註解，還有三百多組主要家族的系譜，讓他過著「上山踏查、下山譯註」的日子。

每天凌晨三點多，他就起床伏案振筆疾書，直到天黑為止。每隔幾個月，還要出發到部落遺址踏查，並到各部落的現居地訪問老人家。

花費五年翻譯註解後，他再用兩年的時間自我校正內容，這時候，更是要積極地進行田調訪問，請教部落耆老確實辨證文中的疑點。

楊南郡鍥而不捨對疑問處的窮究，曾經還在特富野部落鬧出一個笑話。

當時，他央請浦忠成為他找來鄭姓長老和多位耆老，一起圍著餐桌，一面吃菜，一面訪談，這是我們最常用的方式。耆老們互相腦力激盪，補充說明或吐槽別人的說法，往往比單獨訪問一個人的成果更好。但這一次，幾乎都是鄭長老的個人秀。

鄭長老知識豐富，記憶力驚人，是部落裡最具權威的長者，唯一的缺點就是貪杯好酒，而且一旦喝了酒，就要喝到醉茫茫為止，再也沒辦法正常回答問題。因為浦忠成事先已經提醒過，所以，我們跟長老們商量說：「那幾瓶酒先別開，等問完問題後，我們再痛痛快快的乾杯吧。」長老也都欣然同意。

沒想到楊南郡一個問題接著一個問題，不斷的追根究柢，從早上十點問到下午兩點還沒有停止的意思。鄭長老一面回答，一面眼光不斷的瞄向餐桌旁的酒，忽然，他站起身來，說要出去方便一下。

鄭長老一出去，立刻把晚輩浦忠成叫過來訓話：「Pasuya，你說說看，你的客人問題這麼多，到底要問到什麼時候才讓我喝酒？」

如今，鄭長老、楊南郡，以及十多年前那些受訪的各部落耆老們，都已經

二〇一〇年十一月，國立東華大學頒贈名譽博士學位給楊南郡。

離開人世了。幸而，他們的證言都被留下來，成為重要的歷史文獻。

二〇一〇年，《臺灣原住民族系統所屬之研究》出版的那一年，楊南郡剛好八十歲，國立東華大學民族學院特別為他舉辦一場為期兩天的「楊南郡與同世代學者研討會」，同時頒贈社會學科名譽博士學位給他。

「啊，沒想到我的研究工作能夠得到認可，這一生能獲得名譽博士學位，大概是我人生的最高峰了。」

沒想到事隔一年，住家社區警衛通知有人送來一大盆祝賀的蘭花。楊南郡疑惑

上圖：二〇一一年十一月，國立臺灣大學頒贈傑出校友獎牌給楊南郡。

下圖：二〇一二年十一月，吳三連獎基金會頒發報導文學獎給楊南郡。

的說：「應該是送錯的吧？我們家又沒有什麼值得慶賀的事。」看了賀卡，才知道是臺灣大學祝賀他獲選為民國一〇〇年度的「傑出校友」。

校慶當天，年紀最大的他領著其他五名各學院的傑出校友走進會場，事後，又辦了一場讓他三小時還說到欲罷不能的〈我的學思歷程〉演講。

這一年，細述霧社事件始末的《能高越嶺道：穿越時空之旅》出版，因為與電影《賽德克．巴萊》恰好講述同一歷史事件，這本書得到非常多的迴響。隔年，獲得政府出版品特優獎，還榮獲吳三連獎的報導文學類獎。

連續三年，都獲得重大的榮耀，而這些都是發生在上述國史館想為楊南郡立傳之後的事，果然如他自己所說的：「我的人生還有很多可能性。」

「好像是我從前登百岳一樣，第一天、第二天從山腳爬起會覺得很累，也沒有什麼風景可看。但是，一旦登上三千公尺以上的稜線，不但視野大開，還可以連峰縱走，一座山接著一座山，用較少的體力完成多座山岳的攀登。」楊南郡感性的說：「剛開始，我是自己一個人默默的努力。但現在，我的人生也到了登上稜線，可以展開連峰縱走的時候。不但我的視野更廣，我的調查研究成果被看重的能見度也更高了！我要善用這種有利的情勢，儘量多做一些事。」

其實，早在一九九〇年代，楊南郡因為譯註了日治年代初期的「臺灣人類學調查三傑」鳥居龍藏、伊能嘉矩、森丑之助的作品，已經在臺、日學術界搏有名聲，後來譯註了鹿野忠雄的臺灣高山文學經典《山、雲與蕃人》更贏得一般民眾的讚譽。

原本，在臺灣並沒有很多人認識的鹿野忠雄，也因為一篇感人的〈與子偕行〉，讓他成為大家最喜愛的日本時代學者。（《與子偕行》後來成為散文集書名，由晨星出版。）

二〇一二年國史館委託李彥旻導演拍攝的《鹿野忠雄》傳記DVD，楊南郡就運用他的人脈，帶領並安排製作團隊到蘭嶼，甚至前往東京大學、京都大學、大阪民族博物館，拍攝許多珍貴的資料，讓這一張DVD的內容充實又感人，不僅贏得當年政府出版品優良獎，也成為國史館有史以來最受歡迎的出版品。

因為《能高越嶺道》的成功，催化了接下來以古道為名的幾本書《浸水營古道：一條走過五百年的路》（二〇一五年金鼎獎）、《合歡越嶺道：太魯閣戰爭與天險之路》，以及尚在撰寫中的《霞喀羅古道》。

利用古道為線索，帶著讀者走入一段臺灣少為人知的歷史，這是我們共同的主張。楊南郡發揮他訪談耆老與文獻解讀的特長，我把堆積成山的文獻史料和踏查記錄，組織化、文學化，寫成一般人易讀易懂的報導文學作品。

一本又一本，包含最先出版，以大分事件和八通關古道為主角的《最後的拉比勇》（新版書名為《大分．塔馬荷：布農抗日雙城記》南天書局出版），是另一種連峰縱走吧？

四、五十年的百岳攀登、古道調查與部落遺址探勘，二、三十年的文獻翻譯註解與田野調查訪問歷程，原來都是辛勞的上攀過程。而現在，到達稜線之上，以連峰縱走之姿，每年能夠出版一本臺灣古道新書，或是譯註日本學者的臺灣研究文獻，其實都是根源於多年來的默默耕耘啊。

二〇一四年七月底，楊南郡開始了人生最艱難的連峰縱走。

在大霸尖山頂。

最初發現疑似食道癌入院檢查，每個人都說：「不可能吧？楊老師過著這麼健康的生活！」證實罹癌之後，大家又說：「以楊老師的硬朗身體，一定能夠安然度過療程。」

我們決定像往年共同面對的登山踏查歷程，一一克服即將到來的挑戰。兩年的抗癌經歷，果然猶如連峰縱走般的，一山過了又一山。

抗癌第一年，歷經了空腸造口、化療、放射治療、食道癌切除與重建的大手術、大腸癌切除、橫隔膜修補，看起來好像一一度過難

合歡越嶺道新書發表會被視為楊南郡的「生前告別式」。會後，楊南郡、徐如林與多年合作的林務局同仁合影。

關了。

在這段期間，他勉力完成臺北藝術大學關渡講座，一整個學期每週三小時的課程，用身教、言教讓百餘名修課的研究生親炙學者的風範。二月，與媒體記者去屏東的浸水營古道，四、五月，連續帶了三個梯次的司法官研習營，去走阿里山的特富野古道。

沒想到八月底，發現原先漏網的癌細胞，轉移到頸部正中央的淋巴結，這下子，癌細胞猶如上了高速公路交流道，勢如脫韁野馬，再也控制不住了。

切除頸部淋巴結惡性腫瘤，影響了楊南郡的發音系統，從前中氣十足、聲若洪鐘的演講，變成沙啞虛弱的呢喃。這一年間，一次又一次的淋巴腫瘤切除手術，中間還夾著化療和放射治療。

楊南郡對主治醫師李章銘主任說：「我手邊現在還有兩本書尚未完成，你能讓我活到兩本書的新書發表會嗎？」這兩本書其實共有三本，一套兩本的鹿野忠雄《東南亞細亞先史學民族學研究》，另一本是我們最初調查，也是最後合作的《合歡越嶺道：太魯閣戰爭與天險之路》。

雖然歷經連峰縱走式的抗癌考驗，最後這一年，在手術與化療、放療的空檔，我們仍展開三天兩夜的臺南奇美之旅、澎湖花火之旅、合歡山拍攝之旅、高雄演講之旅，以及過世前一個月的太平山翠峰湖之旅。

二〇一六年八月初，楊南郡覺得自己的精神和體力狀況都不錯，於是拿出《雪豹》與《七頂峰》兩本英文書，決定要開始翻譯註解成中文。雖然，這兩本書已經都有中譯本問世，但他認為現有書並沒有譯出原書的精髓，所以決定要翻譯出作者書中的「哲學性」。

然而，上天認為他應該休息了！

八月十一日門診時，主治醫師發現新的惡性淋巴腫塊，當時醫師還輕鬆的認為，只要照以往那樣的切除就沒事了。然而，隔天住院檢查時，發現腫瘤是瀰漫性的爆發，已經到達無法手術的地步了。

楊南郡當即決定不要拖著病體苟延殘喘地活著，這樣不但浪費醫療資源，也延長自己和家人的痛苦。為了不讓親人面臨抉擇的困境，他當機立斷，親手寫下放棄急救，以及申請使用安寧緩和照護的文件。

「我曾經跟李章銘醫師拜託，讓我能夠參加兩本書的新書發表會。現在兩本書都出版，也都辦過成功的新書發表會了。我不能再要求什麼，我的人生現在到了應該圓滿結束的時候了。」

八月十六日，楊南郡住進安寧病房，不再接受醫治，每天只是注射四百毫升的生理食鹽水加十公克葡萄糖點滴，以及每四小時注入零點五毫克的嗎啡以緩和癌末的疼痛。

在與癌症的最終對抗中，楊南郡採取「玉石俱焚」的策略，不給癌細胞養

在排雲山莊前為登山隊員上課的情景，如今和舊排雲一樣只能成為追憶。

分，而且加速燃燒自己的體能，全力活出精采的最後十二天。

傳說中的安寧病房奇蹟發生了！

原本沙啞的聲音變得清晰有力，原本遺忘的兒歌記起來了，他唱著描述臺灣夏夜的〈柚子花之歌〉，一位嫁到臺灣的日本媳婦，在臉書上聽得感動落淚，她說：「小時候我祖母很喜歡唱這首歌，自從她過世後，這是我第一次聽到柚子花……」

大家都知道日子所剩無多，每天從早上七點到晚上九點，訪客絡繹不絕的來探望，而病床上的他神采飛揚，從早到晚說個不停，甚至比來探望的訪客還要精力充沛。

彷彿連峰縱走般的，每天都是一個高潮，病房內高談闊論、笑語喧天，甚至被說成是「最不安寧的安寧病房」。安寧療護的醫生據此情景判斷說：「照這樣看起來，可能還可以活三、四個月。」

「不能活那麼久啊，我在濟南教會的告別禮拜，已經訂在九月十八日，這幾天我就要死了。」楊南郡大聲抗議，全然沒有面對死亡的疑懼。

終於走到最後了，八月廿七日的凌晨四點半，他穿著自己事先挑好的登山服裝翩然離去。生前交代使用樹葬，不留遺跡的做法，啟發了當天來參加葬禮的親友。很多人告訴我說，將來希望也能在樹葬區與楊老師作伴。

楊南郡這個人的一生如此精彩，而且，再也沒有任何的可能性了。現在，我應該可以寫出一本書來紀念他了。

01 百岳時代

百岳只是一個圓滿的象徵。

若說競爭，

那也只是登山者與自己的競爭吧？

番社溪。

西元十七世紀二〇年代，荷蘭人初到大員時，圍繞在臺江內海周圍定居的西拉雅人，開始感受到「文明人」的迫害。之後的鄭家王朝占地屯兵、清代漢人移民的巧取豪奪，無法抵抗的西拉雅人，只好向東方遷移到屬於惡地形的烏山嶺一帶。

其中，一支屬於新港社的族人，也就是楊南郡的祖先，先跟著大家一起遷往東方，但牛車所到之處，已經都有先到的族人占居在狹小貧瘠的山坳。他們像吉普賽人一樣，趕著牛車，一站又一站，直到噍吧哖（玉井）才定居下來。

不數年，噍吧哖一帶又湧進很多新移民，祖先聽說部分族人遷到臺江內海的南邊，稱為「喜樹仔」的海濱，那裡還很空曠，於是這支族人再度像吉普賽人一般的遷往喜樹。

右圖：日本時代拍攝的平埔族老婦，楊南郡記得故鄉的老人家就是這個樣貌。

左圖：日治時代拍攝的平埔族抱小孩的婦女。

到了清朝光緒中葉，這一群族人中，有個頭人俠義好客，家裡經常有來自外地的親友寄居，其中還有一位來自福建長泰，擅長詠春拳的拳腳師傅，長期借宿在家裡，以教導族人拳腳功夫以及漢文，做為食宿之資。

師傅文武雙全，不但武功精湛，還能作詩寫文，卻不以真名示人，大家猜測他應是在唐山犯案逃避來臺，因為尊敬師傅，無人敢追究他避居番社的緣由。

甲午戰爭期間，臺灣海域常遭烽火，連喜樹也沒法住下去了。頭人就帶著族人，乘著牛車往東，過了關帝廟，再爬陡坡上到崎頂，在這貧瘠的土地，找到一處有溪溝流過的河階地安頓下來，教武功的師傅因為已經形同家人，也跟著大家一起遷移，繼續教導武術和漢文。

頭人的長子喜愛武術，從小就跟著師傅練就一身好功夫，他身強體壯，最擅長的武術稱為「倒枝梅」，就像一般人所說的鐵板橋，需要有很好的腰力才能施展出來。由於自幼武藝高強，大家都叫他「強仔」。

日本人統治臺灣數年之後，到了第四任總督兒玉源太郎時，開始為臺灣人建立戶籍制度。當時，頭人的姓名被記為「楊頭」、強仔的姓名則記為「楊強」。一家人選擇姓楊的理由是：常聽師傅說起楊家將的故事，大家都傾慕楊家將的義勇過人。

楊頭，是楊南郡的祖父，楊強，正是他的父親。

他們定居地旁邊的這一條小溪溝，被族人稱為「大溪」，在日本的地籍上稱為「中坑子」，所謂坑子，就是坑溝，也就是小溪之意。然而，鄰近地區的漢人，都稱這一條溪溝為「番社溪」，因為番社就在溪邊。

崎頂後來和位於東北方的龍船合稱為「龍崎」。龍崎一帶，只有窮鄉僻壤四個字足以形容。由於土地是屬於含鹽的黏土質，夏日暴雨時，表土都被沖刷殆盡，形成一道道深溝，土裡的養分全流失了；晴天時經過烈日曝晒，土地就堅硬如石，連雜草都難以生存，大抵就像燕巢月世界那樣，被地質學家稱為惡地形，這樣的土地，只有竹林和鳳梨可以生長。

楊家在這裡靠栽種鳳梨和編織長枝竹器維生，生活當然是十分困苦。長大成人的強仔被鄉人尊稱為「強師」，他的功夫已可代替已日漸老邁的唐山師傅。

每當農閒時，強師就巡迴關廟、阿蓮、旗山、內門、瓠仔寮等西拉雅族人的聚落教導武術，結交朋友並賺點束脩。

當時，每個聚落都有練武的團體，年輕人勤練

楊南郡七歲入學時與姊楊梅、妹楊桂、大弟楊南都合照。

武術用以強身及保衛家園，強師因為學的是正統的武功，比起一般人的土法煉鋼厲害多了，所以每到一處，都獲得弟子們熱忱的款待，他們爭相邀約師傅來自己家裡居住。對當時年僅二十出頭，帥氣逼人的強師來說，教武的日子，確實比在家鄉種鳳梨、斬竹編竹器，來得愜意風光多了。

英風颯颯的強師是許多未婚女子私心傾慕的對象，然而楊強遊歷了多個村莊，最後還是娶了同鄉的長老郭大笨的女兒郭會為妻。

郭會是一個安靜賢淑的女子，她的父親名為「大笨」，然而，她卻是從小就很懂事，就像每一個平埔族婦女一樣，是家中安定的力量。

婚後，他們遵循西拉雅族的傳統，並不急著生孩子，次子楊南郡是在她卅一歲時才出生。先前，她的長子楊南州因病夭折，帶給她一生的遺憾。

楊強為了養家，婚後仍然維持著一年有半年時間外出教武的生活，楊郭會守著竹屋與兒女，操持家務之外，努力編製竹籠、竹籃、竹凳等各種竹器，一刻也不得閒。

楊強俠義好客，當他在家裡的時候，總有來自遠方的親戚來訪借住，他們

當時乘著這樣的牛車去拜訪親戚。

嚼著檳榔，額頭纏著烏布，彼此用西拉雅語交談；不習慣坐椅子，總是蹲踞在長板凳上，聊天或用餐；到了晚上，甚至就睡在長板凳之上。

「那些是什麼人啊？講的話我都聽不懂。他們真會吃，我們家的東西都快被吃光啦。」

「噓！小孩子不要亂講話，快點去睡覺。」幼年時代的楊南郡對母親抗議，引來母親嚴厲的制止。然而，母子悄聲的對話已經被客人聽到了，隔天早上離去前，他們笑著邀請這個小男孩下回跟著父親，

帶兒子回去祭祖時，發現墓碑上刻的是「大溪」而不是福建長泰。

一起到瓠仔寮（寶來）來做客，讓他們好好的招待、補償他一番。

這一趟瓠仔寮之旅，年幼的楊南郡坐在搖搖晃晃的牛車上，生平第一次看到積雪的關山連峰，像一串耀眼的鑽石項鍊，出現在千山萬巒之上。眼前這壯麗的景象，深深的烙印在他的腦海裡，日後不斷反覆的發酵，成為他後來義無反顧地奔向高山的原動力。

迷路林百貨。

昭和七年（一九三二）冬天，南臺灣最受注目的事，那一定是臺南州的林百貨店開幕了！

林百貨於十二月五日開幕，僅比臺北市的菊元百貨晚兩天，委屈的成為臺灣第二家有電梯的百貨公司。然而，根據參觀過兩家百貨公司的仕紳淑女比較，他們認為，林百貨無論在裝潢設備或商品陳列，都比為了提前開幕而趕工出來的菊元百貨，更加細緻高雅一些。

昭和十二年十二月五日是林百貨店開幕五周年慶，除了有各種回饋特賣與感謝贈品之外，百貨公司還針對前後十天生日的客人，準備了特別的生日禮物。這些訊息隨著海報與宣傳單，加上巡迴的宣傳車，在南臺灣引起大家的注目。

「咦，妳家阿郡不是十一月廿八日出生的嗎？」楊南郡的阿姨來家裡慫恿他的母親，也就是她的大姊楊郭會說：「林百貨店已經開幕五年了，我們都還沒有去過，會被人笑說庄腳人沒見過世面。我們趁這個時機，帶阿郡去拿祝壽禮，反正走走看看，不買就不會花錢。」

「我們可以到喜樹仔去借宿親戚家，帶點土產去當伴手禮就好了，用不了多少錢的。妳跟姊夫商量一下，阿都（楊南郡的弟弟楊南都，當時一歲）讓他照顧兩、三天沒問題的。」

楊郭會被說得心動了，於是和妹妹及鄰居婦女，組成一個林百貨店參觀團，帶著六歲的楊南郡，以及最重要的，證明出生日期的戶口名簿，浩浩蕩蕩的出發了。

一群劉姥姥進入林百貨，簡直是眼花撩亂、目不暇給，大家不斷發出「嘖！嘖！嘖！嘖！」的讚嘆聲，對每一樣陳設，每一件商品，都給予由衷的讚美。林百貨的服務人員，並不因為這群鄉下女人的粗陋而看輕她們，受過訓練的店員，個個都是面帶著微笑給予客人指點、解說。

這溫和親切的態度，讓這些原本忐忑不安的婦女們，頓時放下心中的大石頭，大家盡情的參觀，恨不得把林百貨店的上上下下，每一寸都看個清楚明白，好回去龍崎說給那些沒見過世面的鄰人豔羨。

正當大人興致高昂地看著每一個百貨商品，六歲的楊南郡也看到令他眼睛發亮的東西。原來，不知道何時，他已經與大人們分開了，他來到模型商品區，那些精緻的汽車、火車、飛機、船艦模型，讓他看得嘴巴開開，半天都合不攏。

這些模型之中，飛機正是他的最愛，看著各種形式的飛機，想像著自己駕著它們飛上天空，飛過高山大海。

這幾年在龍崎上空，經常可以看到警察航空隊的飛機，往來盤旋飛翔，有如厲鴞（來葉、老鷹）一般，眼前的這些飛機就是它們了嗎？

他模仿飛機飛行的噪音，搖頭晃腦地假裝自己在飛機上。店員看到他可愛的模樣，不忍心打擾，只叫他不能亂摸，就讓這個小男孩盡情的幻想個夠。

「咦？阿母和阿姨她們跑到哪兒去了？剛剛還在這裡啊！那我再繼續看飛

機，等她們來找我好了。」心裡這樣想，就繼續盯著模型飛機看，真是百看不厭哪。

小楊南郡認真地看著每一架飛機模型的細節，肚子餓的時候，就吃一口作為生日禮物的雞蛋糕。終於，到了百貨店打烊的時間了，阿母和阿姨怎麼還沒來？他跟著人群走出林百貨店的大門。當天因為人潮太多，走出百貨店的人們各自散去，誰也沒有注意到一個六歲的小男孩，獨自一人在百貨店門口徘徊。

其實，這時候焦急的母親、阿姨和鄰家婦女們，正在四處找尋他，因為初次逛百貨店的過度興奮，大家吱吱喳喳地說個不停，完全沒有注意到小孩已經不見了。等到發現時，急哭了的母親和阿姨，又像無頭蒼蠅似的，在錯誤的地方盲目亂找，到了最後，只好硬著頭皮到派出所向警察求助。

找不到母親的楊南郡倒也不怕，他在林百貨門口附近走來走去，等母親回來找他。結果，母親還沒來，他先被一位美麗的阿姨撿走了。

這位美麗的阿姨原來是酒家的女侍應生（一般人簡稱為酒家女），這天因事請假提早回家，卻在半路上碰到了迷途的小孩。

臺南林百貨。

「囝仔，你住叨位？奈家己一個人在這？」

這個眉清目秀、口齒清晰的小男孩，卻只能說自己住在很遠的山上，帶他來這裡的阿母和阿姨都走失了。

問了半天不得要領，因為天色已晚，只得先把他帶回家裡安頓，隔天早上再帶他到派出所去報備。

一到派出所，就看到前來等候消息的母親和阿姨，雙方一見面都「哇！」的一聲大哭出來。母親和阿姨對酒家女千恩萬謝，再也不敢逗留在繁華的臺南市街，一行人匆匆返回龍崎老家。

剛回到家裡不久，就有得知消息的親

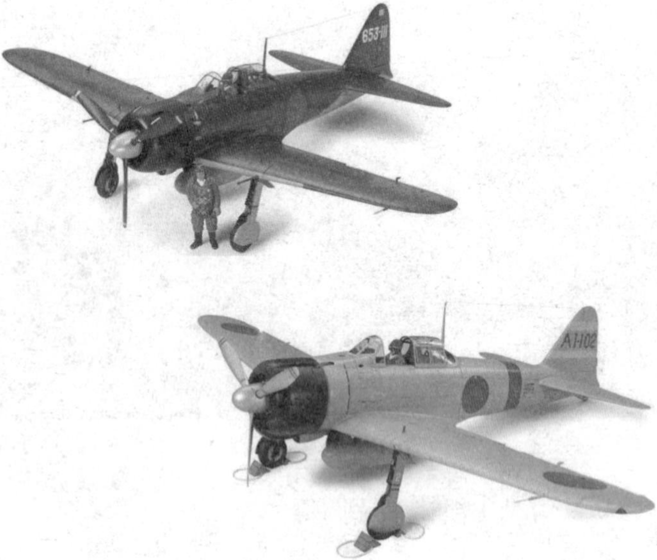

精美的零式戰鬥機模型。

友鄰居趕過來，包圍著他們問個不停，大家不問林百貨店的細節，只想知道阿郡仔昨晚走失後的奇遇。

「酒家女的房間敢是真媠、真香嗎？」得到肯定的答覆。

「伊面有畫得白蒼蒼，胭脂點得紅吱吱嗎？」這是三姑六婆的問題。

「伊睏什麼款的眠床？」回答：「是膨床，軟綿綿的足好睏。」

「猴死囝仔你啊，恁爸活

到五十外歲，連酒家女的手也沒摸過，你這膨肚短命的猴囝仔，竟然可以跟酒家女同眠床睏歸晚？」

這個鄰居阿伯的話引得大家哄然大笑，總結了楊南郡這次有驚無險的林百貨店迷路之旅。

然而，當天在林百貨所見到的飛機模型，在往後幾年內，不時出現在他的夢境裡，夢裡的模型都放大成為真飛機……。因此，在小學畢業前，他決心報名參加少年航空隊（神風特攻隊）的徵選，以實現駕駛飛機的心願。

少年工造飛機。

一九四〇年代起，日本陸軍與海軍挾著在中國戰場勝利的餘威，大舉進擊印度支那（中南半島），勢如破竹的奪下法國與英國的殖民地，引起美國的經濟制裁。

已經被早先一波波勝利沖昏頭的日本軍閥，為了先發制人，決定在一九四一年十二月八日奇襲（偷襲）珍珠港，想要一舉殲滅美國在太平洋上最大的海軍艦隊基地。

同一天，日本也在東南亞發動對英屬婆羅洲的攻擊，只用一天就打敗英國守備軍，占領這個大島，將英軍戰俘送到臺灣監禁。

接下來的三個月，日軍以同樣的破竹之勢，接連攻下西班牙殖民地菲律賓、英國殖民地新加坡與馬來半島、荷蘭殖民地爪哇島……。在「太平洋戰爭」初期，日軍真是銳不可擋，勝利成功的果實可以說是手到擒來，日本的「南進政策」更是喊得震天價響。

然而，美、日兩國國力的懸殊，不是那些妄自尊大的日本將官們可以想像的。這個「草螟弄雞公」不知死活的挑戰，激怒了國力勝於日本數十倍的美國，於是，老大哥出手了。

美國海軍雖然在珍珠港遭襲時，蒙受了重大的損失，卻在短短六個月內，就重建起更強大的艦隊。後來還破解了日軍的密碼，在情報戰上占了上風，日本軍國主義走了將近七十年的好運，眼看就要走到盡頭了。

一九四二年六月四日凌晨，日本海軍在總司令山本五十六大將的率領下，以當時全世界最大的戰艦「大和號」為首，加上蒼龍、飛龍、加賀、赤城四艘航空母艦，想要複製偷襲珍珠港的模式，重創美國西太平洋的另一個海軍基地「中途島」。

沒想到美國早已破解日軍的密碼，正在以逸待勞，準備給日軍來一個甕中捉鱉。當日軍發現情勢不妙的時候，已經進退兩難，在一片兵慌馬亂中，赤城號首先中彈起火，接著，在美軍猛烈的砲火下，另外三艘航空母艦也難逃被擊沉的命運。

中途島海戰之役，日方共損失四艘航空母艦、一艘巡洋艦、三百卅二架飛機，還有數以千計的海軍精英。這一場海戰是太平洋戰爭的轉捩點，也是日本命運的轉捩點。從此，日本海軍喪失戰略的主導權，一步步走向敗亡的命運。

接下來的一年，日軍在太平洋各島嶼的據點，都處於挨打的地位。由於日本軍部倡導武士道精神，寧死不降，每隔一陣子，報上就刊登了某個島嶼全體「玉碎」的消息，每一次玉碎，就是幾千條年輕生命的喪失，與上百架戰機的損失。

為了迅速補足這數量龐大的戰機缺口，日本政府把眼光落在臺灣少年身上。當時，海軍規劃了「建教合作」模式的募集條件，宣稱在臺灣徵集的「少年海軍工員」，將在日本半工半讀，除了食宿完全由日本政府負擔，每個月還有薪水可領。其中，最吸引人的條件是：「當滿五年海軍工員之後，可以領到高工畢業證書。」一旦證書在手，將來求職工作必定都順遂。

小學畢業典禮，當天就收到緊急召集令。

這麼優惠的條件，透過臺灣總督府轄下臺北、新竹、臺中、臺南、高雄五個州廳，行文給各學校，針對小學六年級的畢業生，進行遴選作業。

當教師向學生宣布這個好消息時，幾乎全體學生都躍躍欲試。校方規定報名者必須取得家長同意書，還要接受身體檢查、筆試、口試、智力測驗、手部靈活度測試等等嚴格的篩選，最後才能百中選一的成為眾人欣羨的對象，高高興興的出航往日本。

日本政府到臺灣募集少年工的主要理由，是因為臺灣少年體型普遍瘦小，利於鑽進狹窄的戰鬥機胴體工作。因此，體格檢查時，長得高大健壯的少年反而是最先被淘汰的。

當時，日本政府也到韓國募集少年工，韓國的少年普遍骨架粗壯，他們是準備當做挖山洞、壕溝等粗重工作的勞工，因此，體力比智力還重要，在日本受到的待遇也比較差。

一九四三年四月三十日，第一期少年工一千八百個小學畢業生從高雄港出發了，他們已經先在高雄岡山受訓兩個月，到了日本後，確實也按照原先的約

楊南郡當年所製造的雷電戰鬥機，有四片螺旋槳。

定，一半時間在工廠實習，一半時間則學習英語、數學、物理、日文、歷史、地理、修身、體育等課程。

雖然穿的是不太合身的海軍工員服，而不是帥氣的中學生制服；雖然，軍隊式嚴格的管理讓大家很難接受。然而，師資確實是很好的，甚至有早稻田的教授來教工業數學。星期天是休假日，除了寫信、洗滌、縫補衣服等私事，軍方還會分別安排大家外出參觀旅遊。

由於第一期工作成效不錯，少年工寄回臺灣的家書口碑也很好。日本海軍接著招募第二期、第三期都很順

台灣囝仔坐船去日本造飛機

◎西里伯

台灣有一個「留日高座同學會」，五十年前，他們是一群被挑往日本神奈川縣高座郡大和村上草柳「海軍空C廠」打造飛機的青春少年，如今再共聚一堂，唱起當年懷鄉的歌，眼淚仍忍不住掉下來……。

紀念半世紀前的鄉愁

今年十一月十四日上午十一時，台南市立大成國中大禮堂。一名身材消瘦的老人，手持麥克風記音：

「故鄉を離れて幾千里
荒波越へて堂堂と……
向ふけ其の名も香ばしき
大和の海軍空C廠」
（遠離故鄉幾千里
勇敢的乘風破浪，
迎面而來的是大名叫做
大和的海軍空C廠）

全場近一千八百人立刻靜下來。這些六、七十歲的老人，有的跟著節拍唱，有的已年久忘調

時悄悄流進佈滿滄桑的臉龐。

（故鄉的景象一一浮現眼前
何時才能重返故鄉的懷抱
傾訴往日甜蜜的時光
好想念那綠色的島嶼啊！）

五十年前，是這一首「遠離故鄉」，撫慰了這些少年的懷鄉思親之情，讓他們有勇氣繼續在異鄉，冒著寒冷的天候以及熾熱的盟軍砲火，趕工打造飛機；五十年後，是這一首「遠離故鄉」，重新喚醒深藏心底的記憶，聯繫了一、二千人的袍澤之情。

這場聚會名叫「八十二年台灣留日高座同學會聯誼大會」。由於今年是前述歌詞中提及的「海

今年六月在日本當地舉行過紀念大會外，就數十一月十四日在台南市舉行的聯誼大會最具紀念性，日方也有八十多人來台參加。

原先日本人要讓他們半工半讀，但戰事吃緊，造飛機都來不及……。

海軍空C廠設在日本神奈川縣高座郡大和村上草柳，又稱為「高座海軍工廠」，是日本在中途島戰役失利後所建造者。由於日本國內的勞力極端缺乏，當局便把腦筋動到殖民地的青少年頭上。

中國時報曾經報導少年工的故事。

利。然而，接下來的海戰日軍節節失利，載著戰鬥機的航空母艦被美軍大量擊沉。趕造新的戰機成為當務之急。各州廳加強宣傳，不斷招募新血，第四期、第五期，直到最後的第七期，總計有八千四百多個青少年，告別故鄉與親人，投身戰機的製造。

楊南郡就是最後一期的少年工，他出發時已經是一九四四年四月底了。這時候日軍敗象已很明顯，但是為了安撫民心，各種宣傳都騙民眾說是捷報頻傳。

一般成人慢慢地了解真相，既然都在打勝仗，為什麼一直強調「玉碎」的重要？為什麼要募集可以為國獻出生命的神風特攻隊？

但是，小學六年級的學生們憨直的相信老師，像楊南郡這樣，充滿了莫名其妙的愛國心，他原先還想要報名少年航空隊，因為年齡不足而被拒絕。

少年航空隊其實就是神風特攻隊原本的名稱，隊員要有決絕的意志力，才能夠毅然的開著飛機撞進美軍戰艦的煙囪。日本軍方相信年齡至少要十六歲以上，才有如此堅定的意志，當時才年滿十三歲的楊南郡根本不被考慮。

不能開飛機，退而求其次的是成為造飛機的少年海軍工員，他偷拿父親的圖章蓋了同意書，因為聰明伶俐加上身材瘦小，他成為班上兩個被選上的幸運兒之一。

昭和十九年四月中旬，楊南郡小學畢業典禮的當天，家裡收到了紅色的緊急召集令，通知明天就要到高雄左營海軍基地報到。

「這個囝仔奈這憨啊？」母親哭哭啼啼，父親面色死灰，除了嘆氣還是嘆氣。

召集令像是催命符，當時是沒有人敢違抗的。事到如今，父母也只能為他準備一個裝著兩件換洗衣褲的隨身小包袱，在出發往高雄的途中，先到關帝廟許願，拜請關帝爺保佑楊南郡能夠平安歸來。

一直故作堅強的楊南郡，這時候才有一點點心酸，然而，在學校學的古詩：「男兒立志出鄉關，學若未成誓不還。」的豪情，很快的讓他抬頭挺胸，準備要出發了。他心中描繪出幾年後，當他學得一身製造飛機的本事，帶著高工畢業的學歷，衣錦榮歸的畫面。

由於時勢所迫，最後這一期的少年工，無法在臺灣先行受訓，報到後很快地就分別用軍艦載送出航了。當時，美軍戰艦已經掌握了西太平洋的優勢，日本到南洋之間的西太平洋海域很不安全，百分之七十的船艦都被擊沉。原本臺灣到日本的航程只要三天左右，他們的船卻沿著中國大陸海岸，走走停停的航行了十五天。在那些日子裡，大家都不准走上甲板，只能待在最下層的船艙裡，一張榻榻米大小的位置要睡兩個人。

林景淵教授撰寫的少年工故事，書中特別介紹了楊南郡。

擁擠的船艙還算好，最嚴重的事就是暈船，開船後不久，大家都暈船吐得一塌糊塗。楊南郡也被暈船和嘔吐的氣味薰得受不了，他偷偷跑上甲板，在駕駛艙旁一個海水會濺到的船欄旁，裹著毛毯蜷縮著睡覺。原本來驅趕他的日本士兵，看到他可憐的模樣，嘆了一口氣，找來一條麻繩，讓他把自己綁在欄杆上，免得風浪大時不小心落海。

這十幾天的船上，三餐都是供應帶著濃厚洋蔥氣味的咖哩飯，以至於人人聞到洋蔥就想吐。直到上岸時，吃了沾上鹽水的烤飯糰，清新的味道，總算才讓大家止住嘔吐的感覺。

抵達日本後，這些少年工被分發到神奈川縣，高座海軍航空技術廠，專門製造零式戰鬥機系列，最新式的「紫電改」和「雷電」戰鬥機。

日本突襲珍珠港時，使用的是當時速度最快的零式戰鬥機。之後，經過了兩年的研發改進，戰鬥機的升空速度更快，操控力更強。一般戰鬥機的螺旋槳只有三片，但高座海軍航空技術廠生產的雷電有四個螺旋槳片，按照官方的說法，這是「零式戰鬥機的大進化」。

然而事實的真相是：當時日本軍方的敗戰氣氛非常濃厚，總覺得美國的轟炸機隨時會從中途島、關島飛過來轟炸本島，原本長程攻擊用的零式戰鬥機不再適用，轉而需要本土防禦用，也就是能夠快速升空攔截敵機的戰鬥機，油箱

少年工在宿舍前合影。

不必大，機身輕小而操控靈活才是重點。

情勢如此，原本說好的半工半讀都成泡影了。少年工到達工廠後，先依手指靈活度分級，楊南郡屬於靈活度第二級，負責的是打鉚釘、鎖螺絲的工作。每天，他鑽進狹小的戰鬥機胴體內，聽從機身外正職的海軍工員指示，進行各種裝配工作。

這些年長的海軍工

員像師傅帶領徒弟一樣，對他們的指導十分盡心盡力，同時，也會照顧到離家數千里的少年工的心情，不時慰勉他們。只不過，師傅自己也經常愁容滿面，因為家裡的妻小都吃不飽了。

比起來，宿舍管理員就嚴厲多了，以軍隊的方式管理，稍微犯錯「精神棒」就打過來了，甚至有兩人互相掌摑的處罰方式，以達到集體處罰的目的。

對少年工來說，嚴格的管理還可以忍受，但是食物的缺乏就很難過了。

由於日本喪失制海權，南洋航線被截斷，石油、金屬、礦物與產自南洋的農作物都告罄了。市面百物騰貴，食物要用配給，鐵鍋、銅像也都收去熔化鑄造軍備，到處都在種植蓖麻，提煉種子油作為汽油的代用品。在這種情況下，幾乎全民都在飢餓中度日。

高座工廠的少年工們，在吃重的勞力工作之餘，只有粗礪而分量極少的食物。三餐主食都是混合大豆粕的糙米飯，鬆鬆的裝滿一碗，再用一根竹筷刮去突出碗緣的部分，配菜則是小塊鹹魚、醃菜或是蘿蔔煮咖哩，另外，就是一小碗加了魚粉及大蔥的味噌湯，一頓飯三五口就扒光了，吃完後肚子還是空蕩蕩

戰鬥機胴體狹窄，必須靠體格瘦小的少年工鑽進去組裝。

的。對於正在成長的少年工來說，吃不飽比什麼都令他們難受。

剛到日本時是春夏之交，慢慢地時序進入秋冬。一九四四年十二月，日本關東一帶遭受幾十年來最嚴重的寒流，大雪深達六十公分，走出去白茫茫一片，道路與圳溝都分不清了。這些來自亞熱帶的少年工，何曾碰過這種嚴寒？儘管每人毛毯已增發到六條，但晚上仍有人因為凍到睡不著而偷偷哭泣。乾冷的天氣使大家的嘴唇和手指都凍裂出血，到了工廠後，在打鉚釘的機器震動下，傷口裂得更大了。

為了躲避美軍的攻擊，整座工廠遷

移到山洞內繼續趕工，這些山洞就是韓國少年工挖掘的成果。山洞內空氣不流通卻很溫暖，少年工一天三班日夜趕工，輪夜班時，從宿舍列隊，在雪地中摸黑走遠路到山洞，天亮時從溫暖的山洞出來，又是白茫茫的天寒地凍，眼淚和鼻水瞬間都噴發出來了。

為期一年四個月的少年工生涯裡，也有令楊南郡終身難忘的時刻，每天離開宿舍和回到宿舍時，負責為他們燒水、煮飯的歐巴桑們，都會列隊在門口送、迎他們，她們齊聲喊著：「請慢走，謝謝你們。」、「辛苦了，謝謝你們。」簡單的一句話，讓他覺得自己很有價值，不自覺的就抬頭挺胸了。有個歐巴桑看到楊南郡的雙頰凍傷，還偷偷的給他一小瓶馬油滋潤，讓他流下淚來。

每個月一天的「飽餐日」，以及新年的加菜，是少年們最期待的。雖然增加的只是一小塊肥豬肉，或是一個炸馬鈴薯餅，已讓大家吃到齒頰留香，回味好幾天。

據說，當時就讀東京帝國大學法學院的三島由紀夫，在戰爭末期也曾被派位於日本崎玉縣大和村的高座海軍飛機製造廠。

到高座海軍航空技術廠，擔任圖書館管理員。他日後在《假面の告白》一書中，提到他與少年工的互動：他念書裡的故事給少年工聽，少年工則以教他幾句臺灣話回報。

三島由紀夫在書中以誇張的語調描述：「這些來自臺灣的少年，食慾真是驚人！有個機靈的小傢伙，把偷來的蔬菜和米飯，用機器潤滑油炒飯給大家吃……」

累得半死的少年工，其實根本沒有時間和精神去圖書館借書來看。楊南郡和三島由紀夫沒有交集，倒是另一位日本學者教的一首中國詩，讓他終生難忘。

當時高座工廠每個月舉行一次例會，聘請有名的學者來為少年工演講，名為「精神訓話」。有一次是湘南中學的校長來演講，演講的內容不外是要大家珍惜年少時間，好好學習，最後，他用日語吟唱了中國宋代學者朱熹的詩：

少年易老學難成，一寸光陰不可輕，
未覺池塘春草夢，階前梧葉已秋聲。

臺下的楊南郡聽了深受感動，他把這首詩抄錄下來，空閒時就搖頭晃腦的用日語練習吟唱一番。直到他在安寧病房的時候，還吟唱給來訪的年輕人聽。

戰後求生記。

一九四五年八月十五日，日本全國和所屬殖民地、占領區的人民，都安靜在收音機前，等候昭和天皇的「玉音放送」，也就是日本的戰敗投降宣言。

日本海軍高座工廠的所有海軍工員，也集合在操場，一起聽著擴音喇叭放送出來的，天皇冷靜的，卻震撼人心的話語，心裡一時百味雜陳。

戰爭終於結束了！卻是如此不堪的結果。少年工拚命做出來的飛機，完全抵不過兩顆原子彈！然而，我們是戰勝國呢！楊南郡和所有少年們把帽子往上一丟，大聲歡呼：「萬歲！萬歲！我們勝利了！」

與此對照的是日本海軍的工員和管理員們，他們默默地低下頭，排成一列，向少年工們深深的一鞠躬。

「對不起，請原諒我們的過去。今後，各位不必受到約束，請自由行動。」

突然成為戰勝國國民的少年工卻茫然了，從前尖銳的集合哨音不見了，不需到工廠去造飛機，整天待在宿舍無所事事，眼看著就要失控了。所幸他們往日受到的日本教育就是紀律與服從，年紀大的少年工此時出來組織風紀隊，維護宿舍的秩序，靜待遣返。

楊南郡雖然年紀最小，但是他從小跟著父親「強師」練武，也許功夫還不夠熟練，但是，擺出的架勢非凡，加上他有一種拚命的狠勁，沒多久，在這群少年之中，他已經被當作小隊長了。

戰後的日本十分蕭條，自己的國民都吃不飽，送來少年工宿舍的食物，數量竟只有先前的一半。這些「食慾驚人」的青少年，有的人就成群結隊到田裡去偷採農作物。

有一回，有人偷挖了一大袋馬鈴薯，得知消息的少年們都聚集過來分一杯羹。為了怕太多人知道，他們躲在防空壕洞裡，用汽油桶煮食。

馬鈴薯還沒煮熟，坐在洞口旁的楊南郡感到一陣噁心，他想爬到外面呼吸新鮮空氣，不料爬到一半就昏迷了。

等他醒來時，身旁圍著一群日本人，他們說：「感謝上天你醒了，你的朋友都死在裡面，碳酸素（一氧化碳）中毒了。」

死裡逃生的楊南郡，第一句話竟然是問：「那些馬鈴薯煮熟了嗎？」

事後，他認為偷挖馬鈴薯是傷天害理的事情，難怪會受到上天的懲罰。因為那些可憐的農人，也要靠這少少的農作物來養活一家大小啊。

他記得在防空壕裡，偷挖馬鈴薯的少年洋洋得意地說：「那些農人其實有看到我在挖馬鈴薯，但是，他們不敢來抓我，因為我們是戰勝國的國民，哈哈哈！」

飢寒起盜心，但不忍心去偷日本人的糧食，楊南郡觀察了一陣子，對他的手下隊員說：「美國人那裡的食物很多，誰要跟我一起去拿？」

原來，占領日本的美國空軍，進駐了高座航空廠，把這裡當作基地之一。楊南郡眼看著一架又一架的運輸機，載來大量的物資，存放在倉庫裡。各種罐頭、奶粉、冷凍牛肉、麵粉……，牢牢地吸引他的目光。

剛剛成為戰勝國國民，準備返國前特地去寫真館拍照。

趁著夜黑風高，一群少年像老鼠一般的潛進美軍倉庫，盡可能帶走各種物資。食物，當然是一定要的，美軍的毛呢外套制服，更是市面上的搶手貨。

他們進入倉庫後，先把一箱一箱的罐頭食物擺在門口，然後開始穿衣服，一件又一件的往身上套，瘦小的楊南郡最高紀錄是一次套了九件外套和大衣，整個人臃腫得像個不倒翁。最後，扛起成箱的罐頭，再像老鼠般的溜回宿舍。

起初，沒有幾個「志願軍」敢跟他去美軍倉庫，後來，看看沒出事，愈來愈多人跟著去偷東西。大概是倉庫裡的物資太豐富了，偷了好幾回，竟然都沒被美國人發現。

不管怎麼樣，夜路走多了總是會遇見鬼，楊南郡最後一次帶隊去美軍倉庫「拿東西」時，成員已多達十七人，這麼大的隊伍實在不適合幹偷雞摸狗的事，但是，沒有人願意退出，他只好硬著頭皮去做了。

為什麼大家都想去偷美軍的物資？因為當時少年工的默契是，偷回來的食物要做為公糧，讓大家一起享用。其他物品則帶去黑市兜售後，換得現金買食物，但偷東西的人可以保留一成當作酬勞。除了美軍制服之外、整捆銅製的電纜線也很搶手，日用品如牙膏、肥皂都很容易賣到好價錢。

這一回人數眾多，很難隱藏行跡。當大家穿得圓滾滾、扛著一箱箱物資走出倉庫時，就被基地的美軍守衛發現了。

「Freeze！」（不許動！）大叫一聲，守衛就拿起機關槍來掃射，其他地點的守衛也聞聲趕來支援，一時槍聲如鞭炮在四處炸開。有人嚇得腳軟，把東西丟了，想跑卻跑不動。

「大家往飛機下面跑！」楊南郡急中生智，帶著大家衝向成排的飛機機腹下方，藉著機腹的掩護，繼續沒命的奔逃。美軍衛兵投鼠忌器，生怕誤射了機身，就此停止射擊，讓大家逃過一劫。

經過這一次教訓，美軍加強戒備，少年工也不敢再去倉庫偷竊，只好換個方式求生。

當時，楊南郡因為先前偷竊美軍物資賣錢分佣，身上有一小筆錢，不時到橫濱的中華街去逛街、打牙祭。他聽說日本東北地區的水果和海產價格低廉，如果拿來東京販售，約可獲利十倍。

很難想像當時才十四足歲的楊南郡已有生意頭腦，他邀約了兩個朋友，一起搭乘國鐵到青森。在那裡採購了蘋果、梨子和北海道的魷魚乾，回到橫濱賣給相熟的店家，果然獲利不少。

這麼好賺的生意，為什麼別人不去做？原因是東京來回青森的國鐵票價很高，扣掉車票錢，利潤已所剩無幾了。楊南郡和他的朋友是以「戰勝國國民」的身分，強搭霸王車，難怪採購成本很低。

因為先前盜賣美軍物資，他認識了不少日本黑道份子，其中有個經營柏

等待遣返的少年工在宿舍前。（楊南郡身穿黑色大衣，在前排右五）

青哥（彈子房）的老闆膝下無子，看上楊南郡眉清目秀、頭腦機靈、個性強悍、有領導力，還懷有一身中國功夫，認為足以繼承他的事業，有意收他為養子。

若是變成小老闆，柏青哥可以免費打到飽，光是這一點就很吸引人。

考慮了一整夜，也許是關帝爺顯靈了吧？他忽然很想念故鄉的父母和弟妹們，於是推薦了另一名少年工給那位無緣的義父。（註）

一九四六年四月，最後一艘遣送船把楊南郡帶回臺灣，雖然沒有預期的高工畢業證書，但是，行李中有送給父母和弟妹的禮物，錢包裡還有一筆賺來的錢，也算是衣錦榮歸了。

沒想到，因為暈船而昏昏沉沉的他，到基隆要下船時，才發現不僅行李遺失，連壓在頭下當枕頭的錢包也不翼而飛。離家兩年，結果兩手空空的回來，真是情何以堪啊！

所幸，他不在家的兩年中，父親楊強倒是結結實實的賺了一大筆戰爭財。

原來太平洋戰爭末期，美軍已經在麥克阿瑟將軍的領導下，攻下了菲律賓呂宋島，從馬尼拉機場起飛不到半小時，就可以轟炸南臺灣。

住在城市的有錢人，紛紛「疏開」到鄉下避難，有人住在佃農家，有人住在鄉下的窮親戚家，或是原本家中佣人的家裡。

時局愈來愈差，糧食都要用配給的，連主食都不夠吃，遑論豬雞等肉類？一般就是攙著番薯籤的米飯，加上原本做為豬菜的番薯葉、豬母奶（馬齒莧），勉強填飽肚子。面對這樣的食物，原本住在城裡的「好額人」，簡直是食不下嚥。

其實，鄉下人是有養豬、養雞鴨的，但當時視為機密，絕對不能讓官方知

右圖：因為賺了錢，楊南郡穿著毛呢大衣、西裝褲和皮鞋。

左圖：遣返前日在宿舍拍攝。

道，否則沒收之外還要被責罰。

楊強憑著二十幾年來遊走鄉下各聚落的經驗，加上「強師」身分所獲得的信任，知道何人即將宰殺豬隻。他買下大部分的豬肉，再以高價賣給亟需吃肉的有錢人，簡直是三方皆贏的好生意。因為鄉下人宰殺一頭豬，如果沒有趕快出清存貨，萬一被抓到的話就不得了了。

由於強師的供貨管道很多，大家都知道要向他買肉，這段時間他幾乎是日進斗金，直到戰爭結束後，他的生意還是不曾中斷。

戰後，原本逃難的城市人紛紛回

家，楊強就利用他不虞中斷的供貨管道，在關廟開了一家飲食店，等候他的兒子回家。

足足等了八個月，心想：「我的兒子阿郡怎麼還不回來？」他天天到關帝廟上香祈求。總算把兒子盼回來了！

看到老家大門時，楊南郡興奮的就要跑進去，冷靜的母親立刻叫住他，叫他把身上的衣物都脫下來煮沸消毒，在門外把全身上下清洗乾淨，換上衣服後才緊緊的抱著他哭。

而天天企盼他歸來的父親怎麼不出來見面呢？

原來，當時正在蹲廁所的楊強，聽到兒子的聲音，一時情緒激動，淚流滿面。這位平日勤練武功，下盤勁力十足的強師，一時竟然無力站起身來！

・註・

一九七九年九月，楊南郡和徐如林到日本自助旅行的時候，那位留在日本成為黑道養子的少年工，已經是一家大公司的老闆，他招待他們豐盛的會席料理，座中不斷感謝當年楊南郡把機會讓給他，才有今天的局面。

伙房角頭。

總計八千四百個少年工，戰後回到臺灣的大約只有四千人，他們因為中輟學業，比原本的同學晚了兩、三年，很多人因此選擇不再升學。

楊南郡此時也面臨抉擇，要跟著父親經營餐飲生意，或是繼續升學？他想起朱熹的勸學詩〈偶成〉，於是堅定地說：「我想要繼續讀書！」

父親利用關係，幫他找了一所佛教辦的商業學校，怕他比同學年紀大太多，讓他從初中二年級讀起。由於改朝換代，原本小學所學的日語都不能用了，他必須從ㄅ、ㄆ、ㄇ、ㄈ開始牙牙學語。

這所私立的商業學校，師資實在很令人驚嘆，校長的父親用臺灣話教國語，所謂國語，其實就是用三字經、千字文當教材，好像清朝時代的私塾一樣。因為是商業學校，心算和珠算是必修課程，楊南郡恨透了打算盤，對於心算也產生抗拒心，以至於後來他的算數一直很差。

好不容易熬到畢業，因為程度太差，在南部地區沒有一家高中考得上。愛子心切的楊強到處打聽，聽說臺北淡水有一家基督教辦的私立高中，來者不拒。他們到淡江中學時，發現已過了考試日期，但是仍有名額，總算在第二波考試時被錄取了。

入學後他偶然查看自己的入學考試成績，發現數學竟是零分，果然沒錯，就是一個數學的大白痴。

私立淡江高中的學生一律要住校，三餐都由學校伙房供應，學生們每個月選出伙食委員，監督伙房的菜色。

楊南郡在念初中的那兩年，經常跟父親一大早到市場採購食材，對於烹煮也略知一二。由於他經常批評伙食，大家就選他當做伙食委員。

擔任伙食委員的學生，每天早上第一、二節不用上課，帶著廚房的長工到淡水市場採購。他挑選食材後，由長工用扁擔把青菜、魚肉挑回學校。然後還要指導伙房的工人如何烹煮這些他們從未用過的食材。

回到臺灣，就讀商業初中的楊南郡（後排中）。

由他擔任伙食委員的第一餐上桌時，全體學生都歡聲雷動：「太豐盛了！簡直像辦桌一樣。」比較起來，從前吃得好寒酸呀！

原來，淡江中學的伙食費不高，在此之前都是買一些諸如四破魚那種低價的小魚，有魚就沒有肉，肉類的話只能買下等的肥豬肉，每個人還只分配一小塊。

楊南郡的法寶是，到了市場不看檯面看地上，地上一條條的小鯊魚、狗母魚，都是長相醜陋，沒有哪位家庭主婦想買的。他用很低的價錢，全部掃購一空，帶回學校後，請伙房的工人斬成塊狀，沾上麵粉油炸，之後，再加料，或沾椒鹽、或沾番茄醬，或用糖醋拌炒，總之，都是高中生的最愛。

至於豬肉方面，他買了豬脖子肉，那也是便宜到半相送的部位，一般拿來做包子、餃子的內餡，油滑卻又有彈性。他請豬販把脖子肉絞成碎肉，或做成炸丸子、蒸肉餅、瓜子肉，還可以做成滷肉燥，淋一匙就可以吃下一碗飯。

青菜水果也都買合時的產品，先前的伙食委員根本不清楚哪些是當令的便宜好貨，胡亂買自己喜歡吃的非時令果菜，當然是又貴又難吃的。

幾天後，連老師和校長都聞香而來，跟著學生搭伙了。原本每月一換的伙食委員，不用說，從此以後整學年都是由楊南郡同學來擔任了。

這個傻孩子，父母交學費讓他來上學，他卻樂當伙頭軍，書也念不多。每天早上洋洋得意地去淡水菜市場，因為採購量大，魚販、菜販、肉販都對他親切招呼，甚至提供私房菜給他當早餐；伙房的工人也巴結他，常常還會煮點心讓他和好友們當消夜。

他不但是一個伙房的角頭，還成為同學們眼中的大哥。沒想到因為當了大

右圖：就讀淡江中學高一。

左圖：楊南郡（右）與同學。

哥，楊南郡差一點被開除學籍。

原來，淡江中學是一個基督教學校，在此就讀的學生，不僅每個禮拜天都要上教堂做禮拜，每天晚上還有讀經晚禱的課程。很多非教徒學生都心生不滿，卻不敢違抗學校。他們於是慫恿楊南郡，請他帶頭向學校抗議：「每天的晚禱占用我們的自習時間，希望學校考慮取消。」楊南郡被同學們拱了出來，果然擬了洋洋灑灑的一篇大議論，公開向校方請願。

對抗淡江中學多年的優良傳統，這簡直是大逆不道的事！校長緊急召開教職員會議，決定把首謀者楊南郡開除學

淡江中學的橄欖球隊是當時臺灣第一強隊，楊南郡（左）也想參加。

籍，以免教壞其他同學。

這時候他的班級導師替他說話：「這學生資質不錯，也不是品行不佳，況且，請看他的成績，他是高一全學年的第一名。我們辦教育的，應該要給他一次機會。」

懲處結果從開除學籍改為記過三次直接退學，校方函請家長來校領回這個頑劣分子。

楊強收到孩子的退學通知，立刻風塵僕僕的從臺南關廟趕到臺北淡水，一問退學的理由是不願意參加晚禱，他也替兒子感到忿忿不平。又聽說楊南郡的成績是全校第

淡江中學的同學普遍家境良好，他們精心打扮，乘船遊淡水河。

一名，做父親的喜形於色，追問道：「你在臺北書念得不錯嘛，怎麼那麼厲害讀到全校第一名？」

「我沒念什麼書啊，是同學比我更爛的緣故。」楊南郡老實的回答父親。

真是山中無老虎，猴子稱大王啊。

從南二中到臺灣大學。

這是非常勵志的一章，值得父母拿給小孩看。

被淡江中學退學回到臺南的楊南郡，因為父親的人脈和據說送了半隻豬，總算可以用轉學生的身分，擠進臺南第二中學高二就讀。

南二中也不錯嘛，如果你這樣想就錯了。當時的南一中的確是一流的高中，而南二中，則跟南一中天差地別，被視為「流氓學校」。學生們不愛讀書，卻喜歡鬧事，整天成群結黨打架，跟外面的幫派對打，也進行校內的互打。

楊南郡剛進入南二中時，已經有人打聽出他是被北部學校退學，才轉學來此的；也有人聽說他是日本少年工，歷經魔鬼訓練出身的；此外，他深藏不露，其實他出身武術世家，還有一身中國功夫呢。這個新來的轉學生，簡直就是幫派眼中的瑰寶，校內校外每個幫派都想要拉攏他進來壯聲勢。

「難道我就要和黑道混過這一生嗎？如果是這樣，我乾脆留在日本就好了。」十七歲的楊南郡此時忽然醒悟，他決定要遠離幫派損友，好好的念出一點成績來。

他的班上有一個家境不錯的同學，因為考場失利而進入南二中，全班僅有的兩個想好好讀書的同學，於是互相勉勵學習。為了遠離幫派同學，每天下課後，他們就毫不逗留的離開學校，到同學家裡寫作業並溫習功課。

楊南郡的資質其實是不錯的，他經常行有餘力，當作業比同學先寫完後，就翻看同學家中的藏書。其中，有一整個系列的英文偵探小說是他的最愛。為了看懂這些英文書，他努力的提升自己的英文程度，在兩年的高中生涯裡，生吞活剝的把這些偵探小說全部看完。

南二中時代的楊南郡，開始發憤讀書。

當時，他絕對想不到，日後他的工作，竟然就來自於這段時間，瘋狂的閱讀英文偵探小說。

因為同學的成績都很差，楊南郡雖然是以全班第一名畢業，到底真實程度如何？他自己也不知道。由於當時家裡的經濟條件相當好，兒子想要繼續念書，做父親的楊強當然欣然同意：「考得上大學就讓你念。」

當時北部的大專學校有三所：國立臺灣大學、國立師範大學、私立淡江英專，都是個別招生。楊南郡不知道自己程度如何，於是三所大專都去報考。

放榜的時候，真是轟動鄉里，原來他三所學校都考上了。私立淡江英專當然不考慮，兩所國立大學各有優點，臺灣大學繼承臺北帝國大學，是當然的第一名校；師範大學則有免學雜費還可支領生活費的好處。

「考上大學就是中進士，考上臺灣大學就是中狀元！一定要念臺灣大學啊！」鄉里的漢文老師就這樣替他做了決定。以至於後來無論關廟或龍崎，所有認識楊南郡的老人家，看到他都叫他狀元公。

他是怎麼從南二中一舉考上臺灣大學呢？說起來沒有僥倖，在英文方面因

臺灣大學外文系一年級全班同學合照。（前面第三排右三是楊南郡）

為對偵探小說的喜愛，他已經大幅提升自己的閱讀能力，中文方面，他因為朱熹的那一首詩，引導他讀了唐詩三百首，接著是宋詞與明清小說。儘管中文能力薄弱，因為像三國演義、水滸傳之類的，文字十分口語化，內容更是吸引人，不知不覺中，他的中文程度也提高了。

至於最弱的數學，原本他連上課都聽不懂，後來靠著日本數學的參考書，不斷的練習各種題型，總算能考出差強人意的成績。

古人說：「天下無難事，只怕有心人。」楊南郡可以證明這句話是真的。

楊南郡的大學生涯其實滿辛苦的。

原來，他的父親楊強，因為開餐廳賺了錢，於是回龍崎老家買了地，雇用長工種植鳳梨，當時，臺灣鳳梨罐頭開始外銷，鳳梨價格上漲，讓他又賺了更多錢。有了錢之後，他想要「起大厝」，這是老一輩的人表彰自己成就的方式。

然而，多年的順遂使他的野心變得太大，他準備一口氣要蓋三連棟的透天厝，讓三個兒子每人各有一棟，這樣，將來大家都回來住在一起，讓他可以在子孫圍繞中安享晚年。

這個念頭，造成一場大災難。

先是，負責營建的土木包商拿了大筆訂購建材的錢，卻逃得無影無蹤。好不容易又湊足一筆錢，這次的工頭卻是蓋蓋停停，不斷的要求追加預算，楊強迫不得已，賣了自己的鳳梨園，又向錢莊借貸來應付包商的需索，結果，財務

在男生宿舍內。（最後一排右二是楊南郡）

的缺口愈來愈大，透天厝最後沒有蓋成，連土地都被債權人拿走了。

大學二年級時，家裡的經濟狀況已經走下坡，他身兼兩個家教，還是無法應付學費和食宿費。幸而每週兩次去擔任家教時，可以在學生家中飽餐一頓，補充一下營養，因為臺大學生宿舍供應的餐食實在太簡陋了。

每次註冊之前，他發揮從前在日本做生意的本事，先去牯嶺街舊書店尋寶。那個時代，很多逃難來臺灣的人，一時生活過不下去，就把藏書、藏畫拿出來賣。當然，更

當時身為文青一枚的楊南郡最愛在傅園。（最右）

有一些是劫收人員，從日本人的宿舍裡，搬出大量藏書賣到牯嶺街。

楊南郡總是挑選略有瑕疵的套書，跟老闆討價一番後，得了個好價錢。之後，他就遊說教授買下，或要求臺大圖書館購置。付了小訂金，取了書交給教授，領到錢再付給舊書商，他就靠賣書的利潤繳交學費。

說起來楊南郡的大學生活乏善可陳，既沒有錢出去玩，也無法交女朋友，最多就是打幾場橄欖球，或是上圖書館，把莎士比亞、但丁、托爾斯泰、巴爾札克、易卜生等文學家的作品看個夠。他在大學裡的朋友也不多，一個是化學工程系的余雌雄，也是當年一起造飛機的少年工；還有哲學系的傅偉勳，經常跟他討論生死哲學。另一個，是同寢室的黃增泉，其實是死對頭，當年黃增泉每次採集標本回宿舍時，楊南郡總是厲聲叫他脫下沾滿泥巴的髒衣褲和鞋襪才可以進寢室。

多年後，黃增泉成為文質彬彬的植物系教授，楊南郡倒變成闖蕩山林，渾身泥巴的野人，兩人見面時對於角色的互換，盡皆哈哈大笑。

另外，值得一提的是，楊南郡曾經代表學校參加第一屆全國武術大賽，在大專院校組打出全勝的佳績，為臺灣大學貢獻了一面金牌。

在臺灣省立博物館前。（最右）

柯俊雄的賢拜。

因為念的是外文系，自臺灣大學畢業後，楊南郡就以少尉預官的身分，被分發到左營海軍司令部，編制在公共關係組，他的工作就是天天看報紙，每當有外國人來參觀時，負責解說、陪伴他們遊覽高雄港。

這些外國人多半是美國軍官，因為當時美國人駐防臺灣，除了美軍顧問團之外，在臺南、臺中、林口等地方，還有美國空軍基地。

當時在臺灣的將官們，看到美國軍官就矮人一截，即使對方的軍階比他低，也是哈腰鞠躬的極盡諂媚。楊南郡卻跟他們完全不一樣，他對美國軍官們說：「我是你們的敵人，戰爭時，我在日本製造飛機攻擊美軍。」這些美國人愣了一下，立刻哈哈大笑。

「我還帶人去偷高座空軍基地的倉庫，幫你們消化掉過多的食物。免得你們過度肥胖。」又是一番哄堂大笑。

「原來你是小賊啊，你們的將官很多都是大賊哩。」

就這樣，輕輕鬆鬆地當完兵。接著，要找工作了。

當時的工作機會其實不多，但是臺大畢業生更少，每個人能夠選擇兩、三個工作。起初，他被分發到號稱金飯碗的臺灣銀行，在櫃檯坐了幾天，終於忍耐不住了。因為當時行員都要使用算盤，還要記一堆帳目，對於數學不佳的他，簡直是酷刑。

臺大外文系畢業照。

「那麼，安排你去海關好了。」楊南郡眼前浮起日本海關穿著雪白制服的帥勁，高高興興地去基隆海關報到。原來，他的工作是審核各種報關文件，因為一半以上都是英文，海關單位急需懂英文的人來負責這項繁瑣的工作。做了一個禮拜，他又厭煩了。

「銀行、海關都是人人夢寐以求的好工

在左營海軍基地當預官。（右）

作，你這也不要、那也不要，到底要做什麼？」輔導學生工作的教授翻翻他的成績單，看到他的畢業論文是易卜生的劇本，靈機一動，就說：「既然你對戲劇有興趣，要不要去電影公司呢？」

眼前浮起日本導演黑澤明的電影《侍》（七武士）、《藪之中》（羅生門）……，哇！有一天我也能拍出這樣的電影嗎？於是，楊南郡充滿期待的成為臺灣製片廠員工，展開多采多姿的拍片生涯。

當時臺語片大多粗製濫造，平均一個禮拜就完成一部電影，很多劇

假時與同梯弟兄出遊。（左三）

情是抄襲日本片，跟現在的連續劇一樣，隨著票房起落，可以臨時變更劇本。

因為電影拍得多，需要更多的主角、配角人選，當時，來了個傻愣愣的小夥子，外型滿不錯，但口條很差，膽子也很小，每當被導演、製片一罵就六神無主。楊南郡看他可憐，私下裡教導他一些訣竅，也鼓勵他要展現有自信的表情，才不會顯得畏畏縮縮，永遠只能演個小角色。

年輕時候的楊南郡其實長得還滿帥的，很多製片和導演都慫恿他出來演電影，答應讓他擔任第一男主角。

身為海軍公關，接待外國貴賓船遊高雄港。（後中）

楊南郡不是沒心動過，但是，當年的片場的風氣很差，下工後就是吃、喝、嫖、賭，他總是與大家格格不入。加上他已經覺悟到：以臺灣這種拍片環境，他永遠也不可能成為黑澤明第二，漸漸地就心灰意冷。

這時聽說父親因為蓋房子損失家產之後，終日心情鬱悶而影響健康。他決定還是辭職回南部找工作，一方面遠離臺北的滾滾紅塵，一方面可以就近照顧父母。

結果，當年高雄女中就來了一個帥過頭的英文老師。

這件事情是在她們畢業四十周年同學會才真相大白的。曾經是害羞的高中女生，只敢把愛慕寫在日記上，四十年後，卻成為一群口無遮攔的歐巴桑。

「師母，我跟妳說，楊老師當年真是帥得不得了，我們全班都愛死他了！大家努力讀英文，希望成績好，可以得到老師的注意呢。」

「本來我們以為師母一定是頭髮長長，瘦瘦高高的美女，剛才看到你們走進來，老實說，我很失望呢。不過，聽妳說了幾句話之後，我們覺得妳跟老師真的很相配。」

年紀只比學生多十歲的楊南郡，在同學會當晚，甚至看起來比幾個學生還年輕。當晚大家盡情的虧老師，以報當年不被青睞的舊仇。

有個學生突然語出驚人的說：「以前，我寫給老師又不敢寄出的情書，被我媽媽發現了。她認為老師太帥會影響我們準備升學考試的情緒，曾經說要向學校反映。後來楊老師辭職了，我一直擔心是因為這件事情的緣故。」

楊南郡哈哈大笑說：「我當年辭去高雄女中英文老師的理由，是因為我在臺南美國空軍基地，找到收入更好的工作。跟妳沒有關係，不要再自責了。」

海軍軍官盛裝照。

回家途中，楊南郡偷偷告訴徐如林，當年，高雄女中的校長確實曾經找過他去談話，希望他注意女學生的情緒反應，不要讓她們產生幻想，以免發生問題。

事實上，因為這一次的談話，讓楊南郡積極的去尋找新工作，結果進入影響他一生的美國空軍基地。

擔任高雄女中英文老師。

再追加一件事，那就是當年臺灣製片廠那位傻愣愣的新人，後來竟變成鼎鼎有名的電影明星柯俊雄，儘管仍需靠配音來掩飾口音，他在英烈千秋飾演張自忠將軍的英雄氣概，確實有一種浩氣逼人的氣勢。

有一次，在一個熱鬧的場

在高雄女中教職員辦公室。

合，楊南郡與徐如林看到柯俊雄大步的朝向他們這邊走過來。

「賢拜、賢拜（日語前輩的發音）好久不見了，你還是一樣的緣投啊。」

「哪裡的話，你現在是大明星了，演得不錯呢。」

「都是賢拜你當年不演戲，我才有機會出頭啊。」

當年，楊南郡如果去演電影的話，又會是怎樣的人生呢？

美國空軍特別調查員。

因為長得太帥容易讓學生分心，而不適合在高雄女中教英文的楊南郡，憑著以前在左營海軍基地為外國人導遊的資歷，進入臺南美國空軍基地，他的工作是每週安排旅遊計畫，讓休假的美軍及他們的眷屬出遊。

這個工作相當輕鬆愉快，不但有小費可拿，美金薪水也比臺幣多很多，還可以在美軍福利社購買當時臺灣還買不到的可口可樂、百威啤酒等舶來品，賣給崇洋的有錢人，賺取不錯的利潤。他的臺籍同事們大多認為，人生至此已經無憾了。

工作大約半年後，他得知有個最高等級的職缺，很多有資格應徵的同事和外面的高手，都想爭取。楊南郡去人事處詢問時，發現已經報名截止，但是，因為他這半年裡辦理旅遊活動，認識了很多好朋友，她們就想辦法把他的履歷表硬塞進去。

經過嚴格的審核後，他進入初選名單，開始與廿四個對手一起考試。

考試的題目是一份英文判決書，必須在半小時內翻譯成中文。由於判決書裡，有很多法律的專有名詞，應試者多是搔頭撓耳，怎麼也猜不出正確的內容。

只有少數人能夠專心翻譯，其中，楊南郡更是如魚得水。原來，從高中以來他就愛看偵探小說，很多偵探小說最後，都是法庭對決的場面。這些法律名詞對他來說還真是家常便飯呢。

初選之後，只有三個人進入決選。一位是以難民身分住在美國多年的西藏人，一位是長期在沖繩美軍電臺工作的江蘇人，資歷最差的大概就是楊南郡吧？

決選是在臺北航空站辦理。臺北航空站就在臺灣大學舟山路旁邊，僑光堂（現在改稱鹿鳴堂）後面。原本沒什麼自信的楊南郡，回到母校，讓他彷彿得到奧援似的信心大增。

進入臺南美國空軍基地工作。

懷著忐忑的心情走進臺北航空站，迎面來了一個熟悉的面孔「啊！你就是那個敵人！」原來是當年在左營海軍導遊過的一位美軍軍官，現在已經官拜上校，也正是這一次的主考官。

敘過舊後，還是要進入嚴格的考試過程。楊南郡被帶入一間四面全是白牆的小房間，房間正中央只有一桌一椅。桌面擺著一架英文打字機，還有一疊中文起訴書，他必須在一個小時內，把起訴書翻譯成英文，打成正式的格式。

翻譯是沒問題，最大的問題是打字機，因為他往常使用的是普通的兄弟牌打字機，需要很用力地按鍵盤，發出啪、啪、啪的聲音，才能打得清晰漂亮。然而，眼前這一臺竟是最新式的電動打字機，輕輕一按，就連續跳出一串字母，簡直是讓人抓狂。

幸虧電動打字機的修正也很方便，只要按修正鍵，回打同一個字母就可以了。之後，他像繡花一樣，小心翼翼的輕輕按鍵，總算在時間內完成他的測驗。

之後，是一連串的性向測驗、智力測驗、測謊，甚至到關廟、龍崎、日本……展開身家與履歷大調查。大約四個月後，才通知他說：你已經符合這個職位的要求，即日起，到ＯＳＩ（特別調查組）報到。

這個職務為什麼要歷經那麼多嚴格的考驗？

原來美國空軍調查組，是專門針對美國軍人在臺灣犯法的調查和處置。當時臺南空軍基地有四百多名華籍員工，其中，只有這個職位是屬於第一級，也就是說，楊南郡成為臺灣員工中職位最高的一位。美國人只考慮能力，完全不看年資與經歷的作法，讓人印象深刻。

犯罪偵察是需要臺美雙方合作的，楊南郡作為雙方溝通的橋梁。他善用人脈關係，即使是三更半夜，檢察官也願意出來協助辦案，讓調查行動進行得很順利。當時，美軍最常犯的案件無非就是性侵害與毒品。

性侵害常是各說各話，有時甚至演變成中美聯姻，楊南郡總是讓臺灣方面的檢察官來處理。他比較喜歡抓毒品犯，從天花板、地板、沙發、枕頭、冰箱後面、馬桶水箱等等地方找到毒品，簡直就像偵探一樣有趣。

楊南郡在臺南美國空軍基地特別調查組時，辦公室門上的名牌，離職時作為紀念品。

有一回，他一進門就聞到熟悉的大麻氣味，卻怎麼也找不到乾燥的大麻，臨走前他看一眼花園，福至心靈的說：「這是大麻，帶回去作為犯罪證據。」

當時，臺灣沒有人看過大麻植株，大家半信半疑的把活生生的證物帶回去，查證之後，果然就是大麻無誤。當時的報紙大篇幅報導這件事，這株大麻事後還被送到調查局，做為教材之用。調查局全體長官親自邀宴頒獎，著實讓他風光了好一陣。

能夠辨認出大麻植株，是因為楊南郡曾經看過大麻的照片，這件事情非常離奇，因為楊南郡本身是一個「植物盲」。每次採野菜回家時，徐如林都要仔細檢查他摘採的那一袋，因為裡面可吃不可吃，甚至有毒的植物，他都分辨不出，亂採一通呢。

楊南郡在美國空軍特別調查組的工作相當輕鬆，因為犯罪的人其實並不多。大部分的美國大兵水準都不錯，也都很上進，他們是為了將來要念大學而從軍的。原來當時美國政府有一項政策：「若在軍中服役超過兩年，退役之後，無論申請到哪所大學，學費全部都由政府負擔。」所以說這些年輕人，是希望能夠免費就讀大學而加入軍隊的。

此外，還有一些是來自哈佛、普林斯頓等超高水準的在學生或畢業生，他們加入軍隊的目的是體驗人生。這些人家境優渥，而且都是自然的愛好者，他們之中有很多人加入美國國家公園之父約翰·繆爾（John Muir）所創立的

成為美國空軍特別調查組的一員。（右一）

Sierra Club，爬過美國或其他駐地國家的高山，也希望能在臺灣高山地帶登山健行。

楊南郡開始登山和美國人有很大的關係。有一年夏天，一群美國大兵趁休假時，花了一星期去走能高越嶺道。回來後對楊南郡盛讚臺灣高山風景與野花之美，他們很驚訝，楊南郡居然都放著這麼美的國土不顧，只窩居在狹小擁擠的平地。於是不斷鼓勵他從事戶外運動，並把看過的《Sierra Club》月刊送給他。

《Sierra Club》月刊每期都有

很多登山、戶外活動的報導，楊南郡讀了那些文章，開始對登山產生興趣。讀得愈多，他從《Sierra Club》受到更多啟發，原來，登山不僅是體能活動而已，他從《Sierra Club》月刊上學到與自然和諧相處，對大自然懷抱著敬畏的態度。

終於，他決定踏出登山的第一步。

菜鳥登雪山。

受到美國大兵鼓勵的楊南郡，加入臺南市登山會，準備開始進入臺灣的高山世界。他先參加小山活動，等到跟山友混熟了，就開始打聽何時有高山登山隊可以報名參加。

民國五十六年四月，他看到登山會要辦理「雪山主峰登山探險隊」，於是興沖沖的前去報名。

「你有背包嗎？」

「有的。」其實只是一日登山用的小背包。

「登山鞋？」

「有的。」出發前再去買就有了。

「睡袋有嗎？」

「請問什麼是睡袋？」這下露出馬腳了。

「菜鳥仔走開，過幾年再來報名！」報名處的人很不客氣的趕走他。

隔天上班時，他沒好氣地對美國人抱怨。

「睡袋？睡袋？噢，是 Sleeping Bag！沒關係，我送你一個。」

有了羽絨睡袋，他再度去報名，這次總算被勉強接受了。但是，美國人的睡袋真是超大超重的，高頭大馬的他們，睡袋足足有兩百三十公分長，躺進去時一大半都是浪費掉的空間。當時還沒有防絨尼龍外層，睡袋內外都是織得很密的棉布，因為需要耐用，棉布還相當厚實。

為了攜帶這個將近六公斤的大睡袋，只好去買一個很大的帆布背包。在登山用品店，又被推銷了三節式手電筒、S形腰帶、鋼製水壺、斗篷雨衣……，連同原本就要買的登山鞋、厚毛襪，滿滿一大袋的戰利品，揹起來像個聖誕老公公。

出發當天，到達集合地點，才知道不只要揹自己的東西，還有公糧及公用品如整套鋼製鍋具、帆布帳篷、營燈、地墊……平均每個人還要再分配十幾公

菜鳥登雪山滿臉驚惶。（中）

斤的東西。

這些登山辛苦的背後，在精美的雜誌照片上都看不到，還以為是很輕鬆地出發，就可以到高山上賞景拍照。

因為是第一次參加高山活動的菜鳥隊員，楊南郡完全不敢違抗領隊和其他隊員的指示，行前，他們規定菜鳥要負責早上三點起來燒水、煮早餐，他遵命不疑。

登山隊雇用的小貨車一路顛簸搖晃，因為暈車而一路吐的楊南郡，好不容易看到終點站志佳陽（環山），渾身疲軟的他揹起將近三十公斤的背包，簡直是寸步難行。為了欣賞高山美景，更怕從此不被登山會接納，他不敢吭聲，咬緊牙關死命的往上爬。

第一個晚上到達賽蘭酒營地時，他已經虛脫到吃不下晚飯，早早的鑽進睡袋，聽著其他隊員在營火旁聊天說笑，感覺自己的體力真是差人家太多了。

隔天早上，他沒忘記自己的責任，凌晨兩點多就起來生火、燒開水、準備早餐。太陽還沒出來時，大家吃過早餐就出發了。持續的上坡、上坡，總算爬到雪山南稜上。

這時，東邊初昇的陽光從中央山脈後方露出來，金黃色柔和的光霧罩在稜線上的矮箭竹坡上，箭竹葉尖的露珠在陽光照射下，像鑽石一樣的閃耀著五彩的光芒。為了看這美景，再多的辛苦也值得了！

「大家看看，東邊就是中央山脈北段，那座尖銳的高山就是中央尖山。它的北邊是被稱為帝王的南湖大山，現在被遮到，等我們登上雪山主峰就可以看得很清楚。中央尖山的南邊是死亡稜線，無明山、甘藷峰……」領隊滔滔不絕的解說。

啊！原來高山就是這樣一座山連著一座山，難怪被稱作中央山脈。將來我也要去爬那些雄壯又美麗的山峰。

「你們這次爬的雪山主峰是五岳三尖的五岳之一。南湖大山、玉山也是五岳，那個中央尖山和大霸尖山都是屬於三尖……」領隊繼續滔滔不絕，說了很多楊南郡聽都沒有聽過的山名。

他不禁疑惑地問：「那麼，臺灣的高山究竟有幾座？」

民國五十九年，連峰縱走大霸尖山到雪山（聖稜線），一雪前恥。

「幾百座啦！你爬一輩子也爬不完的。」領隊大聲嘲笑他。

大家哈哈大笑後，繼續艱苦的爬坡。漸漸地，山坡上出現很多森氏杜鵑花叢，大朵的、淺粉紅色的杜鵑花形成一個個排球般大小的花球，美到不像真實的花。

爬完箭竹坡進入針葉林，沒有原先那麼多辛苦的爬坡，但是，稀薄的空氣讓楊南郡呼吸困難、頭痛欲裂，他咬著牙，拚命的跟上大家的腳步，好不容易終於在天黑之前抵達「雪山山莊」。

雪山山莊只是一個地名，並沒有山莊可住宿。有這個地名是因為日本時代曾經有一座山莊，讓攀登雪山的隊伍可以在這裡過夜，但是現在那裡早已沒有任何建物，只留下一個平坦的遺跡可以當作營地。

已經奄奄一息的楊南郡連喝水都會嘔吐，他又無法吃晚餐，早早鑽進睡袋喘息。其他隊員安慰他說：「是高山症啦，第一次爬山不習慣，睡一覺明天就好了。」

隔天早上，菜鳥隊員楊南郡硬撐起來幫大家燒水、煮早餐，等大家起來吃早餐時，他已經頭昏眼花，連走路都走不穩。

領隊叫他留守營地，不讓他繼續去攻頂，因為從這裡到主峰之間要經過斷崖，他根本無法安全通過。

就這樣，當年卅六歲的楊南郡，第一次的高山行程，因為體力不足加上高山症，只好鎩羽而歸了。

第一次參加雪山登山隊卻鎩羽而歸的楊南郡，回到臺南後開始發憤鍛鍊體力，他每天揹著三十公斤的白米，走三十圈操場跑道大約十二公里。總算皇天不負苦心人，半年後，終於在民國五十六年十月廿六日登上雪山主峰，這也是他人生的第一座百岳。

連峰縱走。

在自我訓練期間，楊南郡繼續報名參加高山登山活動，也開始累積自己山岳資歷。兩年之後，他已經具備高山嚮導與領隊的資格了。這兩年間的登山探險活動，讓他印象特別深刻的是「鬼湖探險隊」。

大鬼湖他羅瑪琳是魯凱族的聖地，有魯凱族人蛇戀的傳說。湖四周都是蓊鬱的原始森林，蔓藤掛樹、雲霧繚繞，在當時是一個外人無法進入的神祕地區。楊南郡幾度前去部落，與當地原住民建立友好關係，總算得以成行。

楊南郡這時才知道，臺灣原住民的體力竟然那麼好！白天他們當挑夫、開路，紮營後生火、找水、煮飯，當隊員睡著後，他們整夜都在山林裡打獵。隔天早上又是一天辛苦的工作，晚上繼續打獵。一直到鬼湖旁露營的那一晚，因為有禁忌，才停止出獵。

他私底下問那些獵人，連續數天不眠不休，怎麼受得了？

獵人們答說，我們只要有獵物可打，再多幾天也照樣。

這次的大鬼湖之行，給了他幾個啟示：第一，山地人的體能是平地人遠遠不及的；第二，如果要攀登那些少為人知的高山峻嶺，雇用可靠的原住民是最能確保安全與成功的；第三，必須尊重原住民的人格，以及他們的信仰。把他們當朋友而不是雇工。

之後，他開始計畫長程的高山攀登，也就是連峰縱走，南湖群峰縱走中央尖、雪霸聖稜線Y型縱走、雪劍縱走、合歡群峰、奇萊連峰、能高安東軍、玉山群峰……很快的累積高山資歷，也結交了許多原住民朋友：賽德克族的伊勇瓦沙奧、泰雅族的伊愛味、太魯閣族的哈隆．烏來、布農族的伍萬生、伍明春、全桂林、全朝琴、伍玉龍……

為了行動快捷，通常都是以兩人為班底，再加上兩、三個山友和一、兩個原住民組成精簡的小隊伍。做為班底的另一個人名叫蔡壽榮，他也是臺南美國空軍基地的雇員。當時美國單位已有週休二日，加上臺灣與美國的節日都放

民國五十八年，他羅瑪琳池（大鬼湖）探險隊。原住民都帶著槍。

假，此外，每年還有三十天的特別休假，算起來一年中有半年是假日。

早期臺灣的登山隊通常一次出動，只登一座高山。楊南郡採用連峰縱走的方式，一次往往長達十天左右。當時，除非在外國機關上班，在臺灣的私人公司或政府單位工作，是不可能請假那麼多天的。

臺灣的登山團體以

從前登玉山要從阿里山走起。（左二楊南郡）

臺北的中華山岳協會為主要組織，因為當時還是戒嚴時期，進入高山地區必須辦理入山證，一般民間團體只好到中華山岳「掛單」，也就是以團體會員加入中華山岳會，才能取得公文據以辦理入山證。

這些團體登山回來，依例都要寫一份登山紀錄投稿給中華山岳會刊。凡是計畫要登山的人，都要參考中華山岳會刊，以得知最近的路況和水源。

楊南郡所走的連峰縱走新路線，在當時是很少見的。他的行程紀錄都在由他主編的臺南市登山會刊《南登之友》裡登載。因此，《南登之友》一旦出刊，立刻洛陽紙貴，登山界，尤其是大專院校的登山社團，大家都想要先睹為快。

兩個月出一期的臺南登山會刊，內容除了主編從日本的《山與溪谷》、美國的《Sierra Club》月刊上摘錄翻譯的登山新知之外，其餘的篇幅，幾乎都是被楊南郡一個人的登山紀錄所包辦。他不好意思讓人家知道，整本刊物都是他一個人在唱獨角戲，所以使用了聖稜線、雲海、阿波羅等等近十個筆名。不過，明眼人一看就知道這些都是他的傑作。

民國六十一年底，臺灣登山界的前輩，又稱為四大金剛或四大天王的林文安、邢天正、蔡景璋、丁同三，見到臺灣的登山風氣漸盛，決議仿效日本岳界的「日本百名山」，提出「臺灣百岳」的構想，希望國內的登山者，把眼光放在臺灣全島的高山，而不只侷限於五岳三尖那幾座山。

臺灣百岳以高度超過一萬英呎（或三千公尺）的獨立峰頭為選拔標準，由林文安先擬定一百座山，再提出來讓大家討論。

大家都尊重林文安先生對臺灣山岳的貢獻，因此都認定林先生說了算，

背景是大霸尖山（右）與小霸尖山。

但也不是完全沒有爭議的。其中，爭議最大的是位居百岳之末的「鹿山」。

鹿山坐落在玉山山脈一條東南支稜的尾端，山容並不突出，路線卻很長。自主稜來回一趟要花費整整一天。這些都不算，最重大的爭議點是，鹿山只有兩千九百八十一公尺，根本不符合三千公尺以上的百岳標準。

楊南郡看到百岳名單的最末一座是鹿山，差一點要昏倒了。原本他登頂過的高山跟林文安選擇的大致一樣，只差幾條已經計畫好要去

靠著簡陋的木梯攀登大霸尖山。

楊南郡提倡稜線完全縱走，上下懸崖峭壁。

的縱走及橫斷路線，就可以圓滿完登了。然而，那座孤懸在天涯海角的鹿山，是他以前完成玉山連峰縱走時，根本不想去爬的。

民國六十三年十月，楊南郡和林文安聯手開拓由中橫青山直上白姑大山的新路線，因為地形陡峭加上箭竹密生難以通行，耽誤了下山的時間。到了夜晚只能緊急露宿，他們用降落傘繩把自己綑綁在樹幹上以防摔落，因為動彈不得，唯一的消遣是聊聊各人的登山往事。

楊南郡趁著這個機會，再度遊說林文安：「林桑，你要不要再考

登完八通關越嶺道，在東端的卓麓。

慮一下，臺灣還有那麼多座三千公尺以上的高山，任何一座都可以取代鹿山啊。」

「別說了，選擇鹿山我自有道理。」林文安接著解釋他選擇鹿山的理由，楊南郡完全聽不進去，聽著聽著就睡著了。

隔年五月二十日，林文安在中雪山發生山難。為了紀念他，臺灣百岳名單就不再更動，不服氣的人只好自創一百二十岳、臺灣新百岳、五岳三尖一奇十峻八崇……，或者像邢天正一樣，一輩子都拒絕參加百岳俱樂部。

不打不相識。

一九七五年，中華民國在聯合國的位置被中華人民共和國取代了。當時，國民政府對人民的宣傳是說：「漢賊不兩立，因此我國退出聯合國」。同時發起各種愛國運動，包括捐錢給國軍。「處變不驚、莊敬自強」的口號喊得震天價響，各個團體單位的旅遊都要改稱「自強活動」。

美利堅合眾國身為聯合國的主要會員國，雖然因為信守對中華民國的友誼，繼續和臺灣維持外交關係，然而，原本在臺灣的駐臺美軍，包含桃園、新竹、清泉崗、嘉義和臺南空軍基地，都必須逐步縮編撤離。這件事情只有當時美國大使館的高層人士知道。

因為楊南郡在特別調查組的表現傑出，美國大使館領事組有意任用他來擔任一項新職務：調查日益增多的假冒身分申請綠卡的案件。

臺南美國空軍基地公布第一批離職名單時，楊南郡的名字赫然出現在名單之首。他在充滿惋惜、打抱不平、離情依依，或者是幸災樂禍氛圍的盛大惜別會之後，立刻束裝到臺北就任新職。

幾個月後，在臺美軍各單位開始撤離，數千名華籍員工頓時喪失令人稱羨的優渥工作。為了一起登山方便，楊南郡任用了一名原本臺南美軍基地的雇員，也就是他的百岳登山夥伴蔡壽榮，成為新設立的移民調查組組員。

在認識楊南郡之前，徐如林已是高山嚮導和臺大登山社的領隊。

離開了熟悉的臺南市登山會，在群山環抱的臺北，因為沒有熟悉的郊山山友，他常自己一個人去大屯山區或烏來山區一帶，爬山以維持體力。有一天，與他年紀相當，也正在朝百岳目標接近的山友連安尹，在「登山友商店」碰到他。

「喂！聽說你到臺北來工作，

怎麼都沒有來中華山岳會拜碼頭？這樣不行喲，人家會說你太驕傲了！這樣吧，這禮拜天中華山岳有個郊山活動，在石碇地區的筆架山，山雖不高，但是岩峰連綿，走起來還蠻有意思的。」連安尹豪放的說：「那就這樣說定囉，到時候我會把你介紹給大家，你是山友心目中的 Super Star 啊！記得哦，不來的話我會找你算帳的！」

民國六十五年二月七日，楊南郡早早的就到石碇的筆架山登山口，到的時候但見人山人海，著實把他嚇了一跳。因為在臺南時，即使是郊山也要事先報名，搭乘遊覽車一起出發。沒想到臺北因為群山環抱，加上公共汽車便捷，一日郊山竟然可以聚集那麼多人來參加！

出發之前，連安尹拿著大聲公，加油添醋地把楊南郡的豐功偉蹟介紹給山友們，大家圍著他們，爭著到前面去握手，要求簽名，果然被視為偶像巨星一般。但也有人不屑過去湊熱鬧，就自顧自地先走了。那個人就是徐如林。

當時是臺大登山社嚮導組的徐如林，即使是郊山，也要去少有人煙的勘查路線。這一天純粹是不得已才來筆架山這種「西門町等級」的大眾路線。

大學一年級，在秀姑巒山頂（背景是玉山連峰）。

原來是去年七月，她獨自一人去南湖大山縱走中央尖山時，在山上曾經留電話給幾個偶遇的山友。本來這種「人情電話」是沒有人會留下來的，沒想到就在前一天，有個中部的山友侯先生打電話來，說他正在臺北受訓，星期天的休息日想要約爬小山。

徐如林跟他不熟，不願單獨與他爬山，剛好看到中華山岳的筆架山活動，就說，那我們去筆架山好了。

到了登山口，發現人山人海，他們不想與大家擠在一起，就趁早先走了。

楊南郡邊走邊覺得很奇怪，臺北人怎麼爬山時要帶著手提音響，把音樂開得震天響；另外，大家都那麼喜歡在山上煮東西，帶著大包小包的食材，一有空地就占領下來煮東西吃，還不斷邀請他來一起享用。

他因為討厭這種風氣，就不顧禮貌的往前走。走著走著，走到筆架山的岩稜處，這是一段馬背式的岩稜，沒有危險性，但也狹窄到無法超車。這時候他的前面出現一個小男生，楊南郡由於當慣了領隊，很難忍受前面有人。於是他加快腳步，看看那個小男生會不會主動讓路？沒想到他愈走愈快，前面的人也加快腳步，始終跟他保持三步之遙。

好不容易通過了這一段岩稜，楊南郡趕緊用跑的超車過去，然後，他忍不住回頭看一眼這小子到底是何方神聖。哇！原來是個女孩子啊？

這時候徐如林也看到他了，她訝異地說：「請問你是楊南郡嗎？」

「原來是我的粉絲啊！剛才在登山口，她是太矮了才沒看到我嗎？」心裡這樣想著，就高高興興地開口說：「沒有錯，早上在登山口……」話還沒有說完，徐如林就大聲的罵他：「喂！你這個人怎麼這麼不通人情啊！我們寫信去問你路線狀況，從來都不回信！人家林文安、邢天正這些前輩，只要我們問他，一定馬上回信，還鉅細靡遺的說明……」霹靂啪啦的一大串指責，讓楊南郡一頭霧水。

他趁著空檔，趕快回問：「請問，你們的信是寄到哪裡？」

「不就是你家的地址，臺南市進學街三十一號嗎？」哇！連地址都背起來了？但是，這是天大的誤會啊！他趕快說明：「我去年就搬來臺北住了，臺南舊家的新住戶答應替我轉信，但是他都沒把你們的信轉寄過來。」

「原來是我們錯怪你了，剛才罵你的話收回。」徐如林想了一下又問：「誰叫你搬來臺北，都不到臺大登山社來露個臉？雖然你那時臺大還沒有登山社，但我們好歹也是你的學弟學妹呀。」

「大人冤枉啊！」楊南郡看到徐如林氣嘟嘟的表情非常可愛，忍不住用南部山友的口頭禪跟她開玩笑：「我搬到臺北不久後，就去你們臺大登山社拜碼頭了。到社團辦公室不見半個人，只在走廊看到一個小女生赤著腳蹲在紙上，正在畫一張很長的登山社大海報，我好幾次彎腰下去想要跟她說話，誰知道她

因為一篇描述虎嘯戰鬥營的文章得到金獅獎，徐如林（右二）受邀帶弟弟妹妹到陸軍山訓基地。中間那個軍官是有名的熊媽媽（歌手熊天平的父親）。

根本不理我。」

「你真的有來過沒錯，那個畫海報的人就是我啦！」徐如林解釋說：「我畫海報時最討厭有人站在後面看，那一天我知道有人在我後面，故意不理他。」

事情說開了，兩個不打不相識的人都哈哈大笑。

握手言和後，剩下的山路十分開闊，於是兩人並肩，邊走邊聊。

「聽說，你們臺大登山社有一個女孩子，自己一個人去走南湖中央尖，妳知道是誰嗎？」

「當然知道，那個人也是我

啦。」

「原來又是妳？妳那一篇〈孤鷹行〉登出來時，我跟朋友打賭說，女孩子絕對不可能自己一個人去爬這樣的路線。妳害我輸了一箱啤酒……」

說著說著，楊南郡忽然有個奇想。原來，距離百岳完登，他只剩下新康、布拉克桑橫斷，以及那一座先前被嫌棄的鹿山。他準備四月出去走完新康橫斷，那一座鹿山呢，就邀請這個小女生一起走好了。她的速度快，不會拖累行程，一路談笑風生，遠比跟其他山友登山有趣多了。

「今年暑假，妳想不想去走玉山連峰呢？」

「當然想囉，玉山我只去過主峰和西峰，連峰縱走一次可以完成九座百岳。」徐如林說：「可是臺大登山社絕對不會辦這麼長程的活動。」

「這樣好了，妳陪我去鹿山完成百岳，我陪妳走完玉山連峰，如何？」

「太好了，我們就這麼說定囉！」

百岳完登。

百岳只是一個圓滿的象徵。

若說競爭，那也只是登山者與自己的競爭吧？

「好了，好了，終於到了！」楊南郡伸手抹去臉上的雨珠，掏出手錶來，瞄了一眼。然後取出記事本，在上面歪歪斜斜地記下：

六十五年六月二十九日，上午十時五十五分。鹿山頂。

「就這樣完成了百岳嗎？」他感到一陣茫然襲上心頭。「為什麼沒有一點預期中的欣喜若狂，反倒只有一種如釋重負的感覺？」爬了那麼多年山，有過多少次傲笑山巔的場面，如今在這鹿山頂上，一切居然都變得如此陌生。一股空虛感自心底升起，他不禁疑惑地想：「難道圓滿之後，只是空虛？」他第一次有了疲倦的感覺，便頹然地跌坐在斷頸的三角點旁。

風雨仍然大作，他打開便當盒，一面撥弄溼冷的飯粒，一面回想起五年前，當他縱走玉山連峰時，因為看不起這個稜尾的小土堆而放棄它，怎麼也想不到，不久之後，百岳一覽表公布，鹿山赫然也排名在內。雖然自己曾說不為百岳而登山，但是當其他九十九岳都攀登過時，人類追求圓滿的欲望，就壓迫自己來完成這第一百岳。

「鹿山呵！」他輕輕地吁一口氣：「如今我依然看不起你，但我卻是冒著颱風天來的。」

他繼續撥弄那一盒飯，想起最近幾次登山，那種患得患失的心情，是與自己以往的登山宗旨背道而馳的啊！他重重地啐了一口，算是對鹿山，但不如說是對自己的鄙夷。手上的這一盒飯，居然這樣難以吞嚥，他生氣地闔上飯盒，霍然地站了起來。

同行的原住民錯愕地看著他，他想解釋一下自己的想法，想想又覺得白費氣力，「這種心情他能了解嗎？不要說他，就是平常登山的夥伴們，有誰能夠體會？」他不禁興起高處不勝寒的感慨，開始後悔為什麼要急著完成百岳？

風雨一陣大似一陣，全身上下都溼透了，楊南郡把雨衣再拉緊一點，招呼原住民快些回營地。頓頓腳，稍微驅走一些快凍僵的感覺，也驅走方才那一份落寞。

「現在我是什麼也不想了，只要快點回營地換下這身溼衣服。」在對抗風雨的上坡喘行時，他一面這樣自語，一面過去經歷過的景象，卻像剪接過的集錦影片，一幕幕紛雜地浮在眼前。他想起第一次愣頭愣腦地跟著去雪山，半夜兩點鐘便獨自起來煮飯，因為高山症昏昏沉沉的，就眼睜睜地看著人家登頂。

「那時真是太不中用了。」他雖然這樣想，卻忍不住地懷念起當年那傻乎乎的自己。

他想起第一次當嚮導，帶隊上玉山。呵，那一次真是緊張過度了。凌晨兩點便把隊員集合起來，在濃霜重露下一次又一次地清點人數，而所有隊員也如臨大敵似的，連大氣都不敢喘一口。現在想來，真是可笑呵！「唉，」他心頭如被利刀戳了一下，猛然想起：「哪個時候開始的？哪個時候我開始變得沉著穩健？哪個時候起，我不再做出那些令人失笑的事？哪個時候開始，我能冷靜的、有條理的計畫登山路線？哪個時候呵？我開始視成功為當然，不再熱烈地舉行所謂慶功宴；唉，從哪個時候起，我就喪失了以往那種盲目忙碌的快樂了。」他的心絞痛起來，難怪在鹿山上提不起一絲欣喜，原來這一份喜樂，早被多次的成功給沖淡了。

「天哪，」他心底在吶喊著：「如果可能的話，我願意用這百岳紀錄，換回從前的心境！」

在狂風暴雨中趕路，雨水汗水爬得滿臉。但這不算什麼，他驕傲地回想起，六十年底，在屏風山腰的絕壁上，既沒有糧食，也沒有睡袋，就在雨中熬過一夜，那是多麼漫長的一夜啊，過度的驚懼倒使自己忘了飢寒，表面鎮靜的功夫，一直到現在，還為人稱道。

他突然想起林文安先生，當年與他縱走白姑大山時，也曾經在陡坡上強迫露宿了一夜，就用繩子把自己捆在樹幹上，靜坐了十四小時。雖然只與林文安先生爬過兩次山，但他那登山者的風範卻令人心儀不已。他想起與林先生聯手計畫的新路線，從奇萊北峰西北壁強登。然而，林先生已把他的性命，整個的奉獻給山了，今後，到哪裡再找到這樣熱愛山的夥伴？雨水汗水夾著淚水，這令人心折的登山導師，當他在雨中心力交瘁地吐出最後一口氣時，他會覺得這是最好的歸宿吧？「下山後，」他想：「我一定要到他靈前祭拜一番。」

雨霧瀰漫在四周，四周就是這樣一片白茫茫的，一片無止無休的濃霧。「該到閉鎖曲線峰下了吧？」他擦掉眼旁的雨水，向四下張望一陣，但是山在哪裡？營地又在哪裡？「山」漸漸有了輪廓，在濃霧後面，像一隻巨大的黑獸，自天際猛撲下來。「山呵！」他輕輕地說：「即使你面目再猙獰，我也不怕你。」但是他心底卻開始害怕了，營地仍在霧中，這一大片山坡，哪裡有那一頂黃色帳篷的影子？

原住民也搖頭了，即使眼光如鷹一樣銳利，也穿不透這層層霧氣，更何況，他心頭突然一陣緊抽，「更何況這樣大的風，可能早把帳篷吹下谷底了。」或者那留守的徐如林，根本架不起帳篷，就活生生地凍死在一旁了？

楊南郡與徐如林在早期的中央氣象臺玉山北峰測候所。

「唷呵——唷呵」和原住民兩個人，就在山坡上、溪谷底，忽上忽下地摸索著，喊出去的聲音得不到回應，伴著風聲雨聲，顯得更空洞寂寥了。

清晨六點自排雲山莊出發，到南峰與鹿山支稜分叉點時風雨正大，徐如林忽然說：「風雨這麼大，我不想去鹿山了。你們把背包放下，在這裡紮營好了，輕裝來回鹿山比較快。」

「那我們先幫妳把帳篷搭好，妳就在這裡等我們回來。」

「天氣不好，不要浪費時間，

你們快點出發吧。我一個人就可以搭好帳篷的。」

從離開營地到現在足足走了八小時，但顧不得飢餓，顧不得寒冷，更顧不得疲乏，他只要快快回到營地，他就像一頭失群的野獸一樣，漫無方位地亂竄。

「嚇！帳篷在那裡！」他迸出最後的力氣，直衝到帳篷前，奮力把門掀開。

「呵，我們真擔心妳呢！」心頭的緊張一下子鬆懈，他喘息不已地說。

「我才擔心你們呢！風雨這麼大，我怕你們走到天黑，找不到帳篷。剛剛還在想，等一下就要點營燈，讓你們在濃霧黑暗中看得清楚。」徐如林說：「先喝紅豆湯，半個鐘頭後吃晚餐。」

「妳真是太厲害了，在這種颱風天，還能把帳篷搭得這麼穩固！剛才我跟全桂林一直在擔心妳呢。」

「我是女童軍出身的呀，」徐如林得意地說：「不過，連我也佩服我自己。」

夜半的風雨似乎更加急驟，營地漲飽了雨水，就在帳篷下形成小水池。他皺著眉看看身旁兩個熟睡的朋友，睡袋全溼透，固然是無法安睡的原因，但他的心情為何如此焦躁？這是第一次關心同伴的安危舒適甚於自己，這是第一次以迥然不同的心情來登山。「我曾自豪心緒如古井不波，現在這種轉變是吉是凶？」他徹夜地回想過去的種種，竟不曾闔眼。

第二天清晨，風雨不知道被什麼力量安撫了。楊南郡自帳篷裡鑽出來，立刻被周圍的景物吸引了。經過一夜風暴，清晨的寧靜似乎更能提昇人們的心靈，颱風後特有的雲彩，在山稜間平鋪如錦。他從窪地上掬一捧水，自額間淋下，一陣晨風吹來，清涼的風就和清冷的水，一齊滌淨所有的憂思；他深深地吸一口氣，眉間的鬱結也打開了；他向前再走幾步，彷彿踏入一個新境界，回看昨天一天一夜的企盼、焦灼、落寞及種種心緒的波動，不覺啞然失笑。

原住民劈開潮溼的木柴，努力地把火生起，濃濃的白煙一股股地自柴隙裡冒出來。他想：臺灣的登山環境真是得天獨厚啊！這小小的海島，聚集了千百座崢嶸的峰嶺，可以利用三五天的假期，攻上一座三千多公尺的高峰；也可以計畫一條長程縱走路線，十天半月之內，在山脊溪谷間，徹底地融入大自

民國六十五年七月，三位百岳完登者參加臺南市登山會的會員大會。右起：蔡壽榮、林亮夫、楊南郡，最左為理事長吳一成。

然裡；何況有這樣忠實的原住民同行，任何狀況他們似乎都有辦法應付。

「全桂林，」他親切地喊著原住民：「你真是生火專家啊！」

吃罷早餐後，原住民悠閒地燃起一根菸，他陪著徐如林，輕鬆地步上東小南山。「妳看！」他回指身後的閉鎖曲線峰，得意地說：「第一次連峰縱走時，我們就是沿著稜頂，膽顫心驚地走過去的。」他彷彿恢復了兒時的閒情，歸程中忍不住地摘了一把威靈仙。

今天的心情何以這樣清明澄

澈？連自己也奇怪起來。或許是經過一天一夜的試煉，覺悟出什麼道理了；或許是受了沐浴在陽光下群峰的感召，知道自己將何去何從了。是的，他高興地想：「我知道我應該做些什麼了！」

百岳的完成，是象徵臺灣登山界最高的成就，但是，這不應該是一個結束，而是一個新階段的開始，他想：「我應該做的事，實在太多了。」從八年前第一次登上高山到現在，從來也沒有後悔過走入山林。在關山大斷崖上，在磐石山的箭竹林裡，四肢並用艱難地行進，雖然曾使自己發出怨言，但未曾妨礙自己對山的狂熱。他曾在風雨中昂然面對大自然的挑戰，他曾在大雪、冰雹中緊咬牙關，因此他見過雲瀑、觀音圈等自然奇觀，更遑論雲海、日出、虹彩的景致。他曾在霧社、新達憑弔原住民的古戰場；他曾在南湖、雪山詳勘冰河遺跡。他想：「以一個業餘者的眼光，也許我能整理出一套歷史或地質學的資料。」

走在玉山南稜的路上，放眼瞧去山麓無邊無際的玉山圓柏，「這些曾經受自己詛咒的香青呵！」他想：「如今我卻喜愛它們的蚪曲蟠蜷；我曾恨不得放火燒光它們，現在卻連揮刀砍下都覺不捨。」他想起許多冷杉純林和白木林，這些雖然論不上經濟價值，但對奮鬥求生的精神，是一個很好的啟示。他想：「在保護自然界生態上，也許我有一條漫長的路可走。」

回到排雲山莊時，幾個成功大學的登山隊員趨前向他道賀，並熱切地請教他關於明後日的路況，他不厭其煩地為他們講解，心裡想著：這些年來，臺灣的登山風氣蓬勃地發展，這真是可喜的現象。但是山難事件也層出不窮，這些青年人需要更多的登山知識。他想：「也許我能在這方面多盡一些力量。」

在鹿山頂上失落惆悵的感覺早已煙消霧散了，「唉，該做的事實在太多了，我得好好地計畫一番。」他想起許多新路線有待他開發：從奇萊北峯西北壁上攀，從太麻里上北大武，還有積雪期的登山，還有溯溪，還有灌叢的行進技巧……愈想愈入神，愈想愈興奮。

楊南郡，這位登山的老將，竟在返回塔塔加鞍部的棧道上，連續地跌了三跤。

02 與子偕行

臺灣的登山環境真是得天獨厚啊！

這小小的海島，

聚集了千百座崢嶸的峰嶺。

昏迷在錐麓斷崖上。

民國六十七年九月三日，楊南郡與徐如林決定攜手共度未來的山林日子，他們的蜜月之旅，是從花蓮溪口開始，一直沿著海岸線走到鵝鑾鼻燈塔下，一路看盡臺灣島東岸的山海美景。

當時，臺灣東部還沒什麼建設，原始的部落有點像到東南亞旅行的感覺。兩個人只各揹一個中型背包，裝著換洗衣物、簡單飲食、塑膠地布和雨傘，接近部落時進去採購一點食物，晚上就睡在沙灘、卵石灘、草地，甚至大岩石上。每晚吹著海風睡在星空下，清晨對著太平洋，看壯麗的日出朝霞，多麼愜意啊！

這原是徐如林多年的夢想，一提出來，楊南郡就認真的計畫行程，在滿州鄉九棚一帶，當時禁止一般人民接近的海岸線，他更發揮了遊說的本事，讓海

楊南郡、徐如林和山友劉欽澤攝於能高安東軍之屯鹿池。

防部隊當自己人一樣，熱忱的接待、放行。

這一趟旅程原本預計下大雨的話就要住旅館或借宿民家，託天保佑，天天都是大晴天。因此，當到達鵝鑾鼻燈塔時，兩個人都晒得像團大黑炭。

「妳想去能高安東軍縱走嗎？」回到家，才剛剛脫完皮，恢復白嫩皮膚不久，楊南郡就提議再度出發。

「這樣吧，我陪妳去縱走能高安東軍，妳陪我走光頭山東稜去牡丹岩，下哈崙工作站。」這一條路線就是後來所說的「哈崙橫斷」路線，當時林務局剛剛結束伐木，正在造林，所有的森林鐵道，甚至運材纜車都還能運行。

六十七年十一月，八天的「能高連峰縱走安東軍山，加上哈崙橫斷」之行，比預期還順利的完成了。這一趟路，由當時七十多歲的賽德克族老獵人「伊勇．瓦沙奧」帶領，沿途聽他講述賽德克族的古老傳說，收穫比純粹登山還豐盛得多。

由於行程順利，搭纜車下山到花蓮鯉魚潭邊時，剛好多了一天預備日，而且還有沒吃完的預備乾糧。一時興起，楊南郡和徐如林二人，就決定隔天上去探探錐麓斷崖古道的路況。

這一次的探勘行動，差一點就出人命了。

上午八點，兩人搭乘的公路局班車，到達燕子口下方，因為是初冬的枯水期，立霧溪水位較低，他們從燕子口往下走，很快就找到原住民用桂竹紮出來的一弓竹橋，橫跨在立霧溪水上，竹橋架得很低，飛濺的溪水把橋面弄得很溼滑，幸好他們都穿著登山鞋，而且這樣的竹橋還算是好走的。

走完哈崙橫斷後，在林班工寮的燭光下吃晚餐，聽老獵人伊勇瓦沙奧說賽德克族的古老傳說。

日本時代原本有一座名為「山月鐵線橋」的大吊橋，高懸在立霧溪谷上方，距離水面高達七十五公尺，長度達一百九十公尺，是當年全臺灣最長的吊橋。現在沒了吊橋，過竹橋後就要不斷的往上爬。對他們來說，雖然經過七天的高山攀登，體力有點耗損，但這樣的山路也還算好走。

爬上陡坡之後就是平緩的合歡越嶺道的路基了，太好了，他們很快來到幾棟原住民自己搭建的竹木屋。看起來，木柱和木板是從日本時代，巴達岡駐在所和名為「タロコ閣」的旅館拆下來的，加上桂竹與亞鉛鐵板做的屋頂，屋況都還不錯，只不過全都靜悄悄的無人在家。

楊南郡和徐如林繼續走，路旁的芒草剛剛砍過，路徑很清晰呢！他們一面走，一面慶幸運氣不錯。大約早上十點的時候，穿過了錐麓古道東邊的隧道後，突然眼前一亮。

「哇！哇！哇！哇！」直衝面門的雄偉壯麗景觀，讓他們說不出話來，「哇！」是楊南郡和徐如林第一眼看到錐麓古道時，所能發出來的唯一讚嘆聲。

走上斷崖不到幾分鐘，突然有幾隻虎頭蜂朝著他們飛來。

「啊！慘了，好運氣用完了！」

「幸虧，我們已經看到錐麓斷崖上的古道路況，今天就先退回去，下次再來全程踏查好了。」

心裡這樣想著，他們就停下腳步，慢慢的後退、後退、再後退，按照往例，這幾隻巡守的虎頭蜂，看到人們知難而退，通常就飛回去了。

木瓜林場的運材火車鐵道，當時還可通行。

但是，不對勁呀，這些虎頭蜂竟然一直跟著他們，看起來是想要找機會痛螫一番！楊南郡一時緊張，脫下帽子用力揮舞，試圖驅趕它們。

「哎呀！」一聲慘叫，楊南郡和徐如林兩人的頭頂，同時都被螫了。

沒被虎頭蜂螫過的人，最好一輩子都不要嚐到這個滋味！那種感覺，就像有人拿著一個鐵鎚，不斷的把一根大鐵釘釘在你的天靈蓋上，虎頭蜂的毒針刺穿頭皮之後，隨著牠腹肌的用力，一股一股的毒液注入頭殼，那激烈的疼痛，有人形容好像是用一根燒紅的鐵釘，釘入血肉，豈止是痛徹心肺所能形容？

徐如林忍不住用手去抓，結果引來其他的虎頭蜂助攻，腦後又中了一針，手指不但也被螫了，還被啃咬了！虎頭蜂的大顎咬下來，連食指也被啃掉一塊皮肉。但是，比起來，還是第一針最狠、最毒、最痛。之後，是有一點痛極麻痺了嗎？

「妳頭上有兩、三隻呢！」楊南郡大聲驚呼。

「你運氣好，只被一隻釘，我大概被釘了六、七針，還被咬了！」

一邊說著，他們一邊加快腳步，希望趕快逃離惡夢。

落差一千兩百公尺的錐麓大斷崖，錐麓古道從中間橫切過去。

突然，聽到後面「砰！」的一聲，徐如林回頭一看，楊南郡正直挺挺的倒臥在斷崖邊緣，上半身還伸到斷崖外面。

他休克了！

危急中，徐如林突然力大無窮，轉身就把他拖進來，讓他平躺在寬度不到一公尺的錐麓古道上，隨後想到：「這樣躺在斷崖邊上很危險，應該要繼續把他拖到剛才通過的隧道那裡。」然而，卻似力氣用盡，半尺也拖不動了。

怎麼辦呢？徐如林只好坐在楊南郡身邊，一手抓著他腰間的皮帶，以防萬一他甦醒過來時，一翻身就摔下斷崖了。

大約一個小時後，楊南郡忽然發出很大的吼聲，隨即強烈地嘔吐，早餐和著膽汁胃酸，噴了大約一公尺遠，然後，眼角、鼻孔和嘴邊，都冒出血來。

然後，他面色慘白的繼續昏迷著……。

難道這就是傳說中的「七孔流血」嗎？

徐如林無暇害怕，拿出衛生紙幫他擦掉嘔吐物與血跡，做這些事情時，一隻手還得牢牢抓住他的腰帶呢。

時間過得很慢，徐如林在斷崖上，可以看到下面橫貫公路上的車來車往。像綠豆或花生米大小的車子，距離大概超過五百公尺吧？想來，無論怎麼呼救也不會有人聽到，那就不要白費力了。

徐如林蹲坐在只比屍體多一口氣的楊南郡身旁，吃餅乾、喝水、胡思亂想：「所謂一日三秋、度日如年，應該就是這樣吧？楊南郡該不會就這樣長眠不醒了吧？才剛剛跟他結婚兩個多月呢！」

幸虧這是一個秋高氣爽的好天氣，沒下雨、也沒雲霧，偶爾還有小鳥或小老鼠過來探頭探腦，更幸運的是，虎頭蜂後來也沒有再大駕光臨了。

等著、等著，那些住在山上的原住民，會經過這裡嗎？徐如林又不能放下楊南郡，跑到巴達岡部落去找人來幫忙，何況，早上經過時，並沒有人在家。

想東想西，眼看著已經下午四點多了。再不醒來，天就要黑了，晚上的錐麓斷崖，說不準有多可怕，如果連自己也睡著了，兩個人可能都會摔下斷崖。

起來、起來！徐如林拚命拍打楊南郡，好一陣子，他終於張開眼睛，用乾澀的聲音說：「這是哪裡？我怎麼會躺在這裡？」

「早上被虎頭蜂釘了，你就昏迷到現在。能夠起來走嗎？天快黑了，我們要趕快下山。」

「可是我看不見東西，眼前都是灰灰黑黑的，只有模糊的影子。」

「牽著我的手，我們慢慢走下去，巴達岡那裡有原住民，可以請他們揹你下山。」

但是，巴達岡那裡還是沒有半個人，還在山上工作嗎？天色已經很昏暗了，他們因為只是輕裝探路，連個手電筒都沒帶。

要在巴達岡部落繼續等下去嗎？還是要冒險摸黑下山？

楊南郡虛弱的說：「我覺得很難過，看不見、喘不過氣來，應該是很嚴重的過敏，我應該儘快去看醫師，打一針抗組織胺的藥。不然，也許還會再昏迷。」

那就走吧，再一次的幸虧，即將滿月的明亮月光，已經從峽口上方照射進來了。清冷的月光，把山路照得清清楚楚，他們就牽著手，一步一步慢慢走到立霧溪底。

天啊，那座溼滑的竹橋，要怎麼過呢？早上徐如林是用雙手緊抓橋弓，慢慢的滑步過來的，現在牽了一個盲眼人，如何走過這一道最後難關呢？

腎上腺素再度幫忙，晚上八點半的時候，他們終於回到橫貫公路上了。

夜晚的橫貫公路，車子已經不多，而這兩個人的樣子，一定像鬼一樣可怕，因為每一輛車都呼嘯而過，連停下來看一下的意願也沒有。

好不容易終於等到一輛小貨車停下來，這位在地的司機，把他們載到花蓮王內科就診，這時，已經將近夜晚十點，再晚一點，連診所都打烊了。

後來怎麼樣呢？對症下藥呀，打過抗組織胺的針劑，不久楊南郡就活過來了。原來，過敏是這麼可怕的呀！

後來，楊南郡和徐如林聽人家說，因為前一天，住在巴達岡的原住民砍草的時候，發現一個虎頭蜂窩，他們把它摘下來，帶到花蓮的中藥店求售。而那些找不到蜂窩，正在焦躁憤怒的殘餘虎頭蜂，剛好被倒楣的他們碰上了。

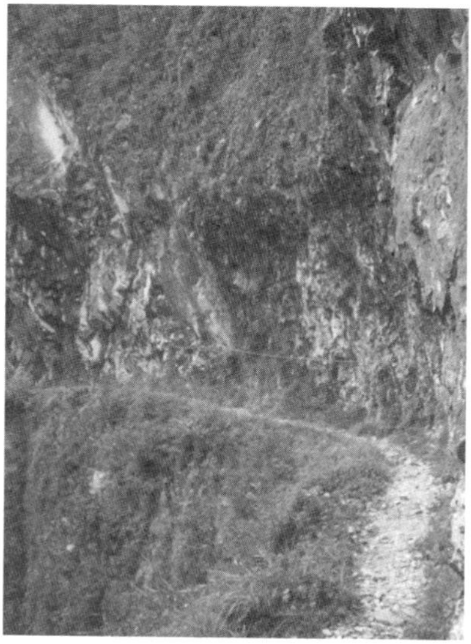

錐麓斷崖上寬度不到一公尺的古道。

從死神手中逃過一命的楊南郡，回到臺北不到一個月，有一天晚上忽然接到美國大使館人事室的電話，告知隔天不要去上班，在家裡靜候通知。

「怎麼回事？」雖然這樣問，其實，楊南郡已經猜測到，就是最近辦公室裏同事們偷偷的在傳述：美國和中華人民共和國，即將「關係正常化」，也就是說，美國將要與中國建交，同時與在臺灣的國民黨政府斷交了。

人事室的人員謹慎地說：「在事情未明朗之前，我們不能說。大家先放長假，薪水照發，不用擔心。」

本來恨不得多放幾天假好去登山旅遊，現在，因為假期放得詭異而無心出遊，天天在家裡看著電視播放的，全臺灣爆發的抗議美國風潮。

不久，人事室又通知：任職美國單位超過十五年的雇員，可以無條件取得美國永久居留證（綠卡）。楊南郡如果申請的話，立即可以移民美國。

當時，中美斷交（正確的說法應是：臺美斷交、中美建交）已造成全臺灣大震盪，很多家族都像沉船前的老鼠一樣，一心想要離開臺灣，無論去哪裡都好。

楊南郡的同事們只要符合取得綠卡資格的，都儘快賤賣了在臺北的家產，那些坐落於青田街、金華街、仁愛路等等的高級住宅，都是出價就賣，然後以美元兌新臺幣一比四十九元的黑市超高價換取幾萬「美金」，快樂的移民到美國。

「妳想移民去美國嗎？」這個重大的變化，需要與徐如林商量。

「我一點都不想去呢，臺灣的山還沒爬完。」徐如林毫不在乎的說。

幾年後證實當時放棄綠卡是明智的。那些移民到美國的同事，後來想回臺灣定居，卻發現原本賣掉一棟房子的錢，只夠買回一個房間。

因為美國遭逢戰後最大的不景氣，失業率超過百分之二十，美元對新臺幣的兌換價，當時竟低到一比二十五元。

與星雲法師的辯論。

美國與臺灣斷交後，因為良心不安，加上當時對中國還有疑懼之心，國會與國務院幾經商議，終於制定了《臺灣關係法》。在這個法案下，成立了「美國在臺協會」簡稱AIT，以民間團體的外貌，代替從前美國大使館的工作。

楊南郡白領了三個月的薪水後，他的辦公室，從南京東路二段搬遷到信義路三段，除此之外，他的工作性質和從前完全一樣。

其實，真正的狀況是：他的工作內容一樣，但工作量則是大幅增加。因為想要移民的家族突然暴增，符合移民六種優先條件，可以取得美國永久居留權的人固然要申請，但更多的是不符條件，卻用假資歷、假身分來辦理的案件。

楊南郡的工作，就是以他從前在美國空軍特別調查組的經驗，調查出這些造假的行為，讓美國移民局可以據此駁回他們的申請。

帶著未滿周歲的前世情人到墾丁，展現柔情的一面。

由於造假的申請案件愈來愈多，他手下的調查人員也不斷增加，最多的時候，總共有七位調查員，全力的在消化堆積如山的案件。

楊南郡很不喜歡他的工作。比起來，從前偵查犯罪的對象是美國軍人，偵破他們的犯罪行為讓他很開心。然而，現在的調查對象是自己的國人，他們並不是作奸犯科的壞人，只不過是對臺灣沒信心的民眾。有一些甚至是受了移民律師的蠱惑，以為絕對沒問題，工作辭了、房子賣了，卻被查出使用假證明而進退失據。

楊南郡常為了案件當事人的處境而嗟嘆，基於職責卻不得不舉報他們違法的事實。為此，他經常下班後還悶悶不樂，直到女兒曉珞的出生，才讓他的心情轉變。

楊南郡曾聽過龍崎的鄉人說起他出生時的故事。當時已經太老而不再教武術的師傅，顫巍巍地抱著他細看一陣，嘆氣說：「這囝仔的親緣很薄。」小學畢業就到日本當少年工，回臺灣後一直在外地求學、工作，多年來他確實相信自己的親緣很薄。

所以，民國六十九年十二月，當他從醫院把女兒抱回家時，看著女兒，不禁流下眼淚說：「好可憐的女兒，還沒長大到懂事，可能就沒有爸爸了……」（這件事，直到二十幾年後，他親手牽著女兒走上紅毯時，還被親友拿來當笑話說。）

除了上班之外，楊南郡整天都黏著女兒曉珞，走到哪裡都用嬰兒揹架揹著她，「揹嬰兒的男人」成為內湖社區的風景。

揹嬰兒的男人，在
太魯閣國家公園。

兩年後，兒子曉峰誕生，不同於姊姊是機伶的鬼靈精，弟弟傻乎乎的更好玩。楊南郡和徐如林這對夫妻，不嫌麻煩的帶著孩子登雪山、玉山，甚至到北婆羅洲的基納峇魯山；一起去能高越嶺道，在合歡越嶺道調查時，還一起走最早的古道到西拉岸部落、陶塞部落探訪原住民老人家。

說起來，楊南郡的調查案件也有一些很有趣的，例如：當時有一些企業家、高官或將領的太太，竟用「幫傭管家」的身分申請綠卡，這些養尊處優的夫人們，一雙奶油桂花手，根本連洗碗都不會。也有用廚師、功夫教師、道士身分申請的案例，就要他們實際操演切菜炒菜、打一套拳法或考核天師的符籙及施法的手勢等等。

最大的一個案例，則是高雄佛光山一舉開出數十名比丘與比丘尼的證明文件，引起美國移民局注意，希望楊南郡前去佛光山了解狀況。

原來，當年佛光山的信眾很多移民到美國，急需宗教的撫慰，佛光山於是在美國洛杉磯建立了西來寺，作為海外教徒的信仰中心。

有了寺廟當然需要很多和尚尼姑來維持運作，美國移民局擔心的是，佛光山藉此機會，在申請名單中夾帶他們的「施主」。

這一次的調查非常輕鬆愉快，楊南郡只要查核申請者的度牒、接受三壇五戒的日期，再抽驗幾位看起來有點問題的法師，當場口試佛經的要義。

早在大學時代，讀外文的楊南郡就和讀哲學的傅偉勳結為莫逆，討論文學或宗教哲學，特別是佛學，成為他們的日常。因此，楊南郡對於佛學相當有研究，隨時都可以舉出一段佛經來考驗申請的法師。

查證了大半天，最後證明佛光

楊南郡徐如林帶著幼稚園和小二的兒女去雪山。

全家一起上玉山。

山並沒有出具假證明來夾帶他人。全程在場關心的星雲法師在寬心之餘，開始與楊南郡談天說笑。

星雲法師首先笑瞇瞇的說：「適才聽大德考核佛法，立論恢弘精闢，不知是否能請大德在叢林大學開授佛學要義，嘉惠小寺僧尼？」

聽到自己的佛法學養受到肯定，楊南郡雖然高興萬分，卻不得不推辭：「佛光山是我調查的對象，按理不能接受大師的好意，況且臺北到高雄路途遙遠，也有不便。」

帶小六與國三的兒女，一起登頂超過四千公尺的基納峇魯山。

推辭之後，楊南郡有意「展功夫」，於是與星雲大師就佛經上的論述展開討論，這原是他與傅偉動兩人昔日最愛的消遣，自從傅偉動出國留學之後，已經很久沒人能與他如此暢快淋漓的辯論佛學了。

回到家後，他開心地對徐如林說：「這次我到佛光山，和星雲法師辯論佛法，結果我大獲全勝！」

哪有可能，徐如林心裡這樣想，就問他說：「你說說看，你們辯論的內容大概是什麼？」

楊南郡很得意地說：「我舉了一段佛經，跟先前星雲法師所寫的

楊南郡帶美國在臺協會同事走能高越嶺道，攝於雲海保線所。

書有不同見解，星雲無法反駁，只能說：『說得也是。』；我再舉另一段，他還是同意我的意見，又說：『說得也是。』；我接二連三的砲火四射，甚至故意說一些歪曲佛經的話，不論我這樣說、那樣說，星雲法師都只能含笑的說：『說得也是。』……」

「啊，你輸了！」徐如林笑著說：「任憑你搜盡枯腸，說得口沫橫飛，星雲法師只用一句：『說得也是。』就四兩撥千斤的把你反彈回去，讓你高高興興地離開佛光山。」

「原來如此啊？」楊南郡那充飽到快漲破的自信心，頓時像洩氣的皮球一樣萎縮了。

徐如林再進一步解釋：「佛光山未來還要繼續派人到西來寺，星雲法師不論如何，都要跟你建立好交情啊，幸虧你沒有答應去叢林大學教書。」

楊南郡回想起他在佛光山與星雲大師辯論的情景，突然忍不住的大笑著說：「我就像西遊記裡的孫悟空，任憑七十二變、觔斗雲，亂飛亂跳，都逃不出如來佛的手掌心。星雲法師那四個字『說得也是』真是太厲害了。」

合歡越嶺道初登場。

說到合歡越嶺道的調查，起源是一個非常有趣的場景。

話說民國七十四年四月，臺灣已經有墾丁、玉山、陽明山三個國家公園，第四個國家公園：太魯閣國家公園也在緊鑼密鼓的籌備中。當時，登山界很多團體和資深岳人都收到營建署國家公園組的開會通知，原因是國防部有重要議題要討論。楊南郡和徐如林也收到開會通知，因為楊南郡懶得參加這種會議，就讓徐如林一個人代表參加會議。

徐如林進入會議室時，看到座位排成馬蹄形，每個位子前的桌面，已經都放了三個國家公園的簡介。她隨手翻看，內容都是絕美的珊瑚礁海景或是壯麗的高山景緻。

主持人是國防部的某上校，他一開口就說：「為了國防安全，依法，海岸

合歡越嶺道調查。

線和高山都是不允許拍攝照片……」在場眾人面面相覷，不知道國防部的這番話，是否意味著將要禁止大家攜帶相機登山？

這時候坐在徐如林旁邊的一個中年男子，突然離開座位，一面高聲喊著：「沒收！沒收！這些都是禁書！」一面就跑到每個人的座位前，把桌上的國家公園簡介都收走。

這個突兀的動作，令那位上校面紅耳赤，簡直無法繼續說下去，這場會議只好草草結束了。

徐如林忍不住誇讚這個機智的男子並與他交談，才知道原來他是內定的太魯閣國家公園首任處長徐國士博士。因為相談甚歡，她又忍不住對他誇耀，位於太魯閣峽谷上方的「錐麓斷崖古道」，風景是多麼的天下無雙！還有，從中橫碧綠神木下去，有日本警察道路，一天就可以走到天祥。

「就是妳！就是妳！我一直想要找的人就是妳！」徐國士興奮地說：「幫我們把路線和路況調查出來，要多少費用，儘管提出來！」

有這麼好的事啊？從前他們登山，都要花自己的錢，現在內政部營建署居然要出錢讓他們上山找古道。還可以出公文，讓他們不必辦理「入山證」就能上山。此外，還可以購買當時的管制品《五萬分之一臺灣蕃地地形圖》，當然要接下委託調查計畫啊。

楊南郡和徐如林剛簽好委託計畫案合約，立刻向日本小學館訂購地圖，當這套花了一萬三千多元的精密地圖，通過海關層層檢查，終於拿到手上時，他們兩人幾乎是含著眼淚翻看的。

接下計畫才知道不是那麼簡單，從前是玩票性質，愛走多少就走多少，一旦要執行計畫，所有步道的路況和歷史沿革全部都要調查清楚，還有期中報

沒有錐麓吊橋的時代，用桂竹搭成的吊橋過立霧溪。

告、期末報告……

合歡越嶺道是一九一四年（大正三年）臺灣總督府發動太魯閣戰爭後，為了便於後續的統治所開闢的步道，只要有部落舊有警官駐在所，就有又稱為「理蕃道路」的警備道路。

儘管是第一次調查古道，儘管他們自己提出的經費少到只有二十萬，還要被抽佣兩萬，楊南郡和徐如林決定要把整個警備道路系統調查清楚。

他們花了十二萬元雇用原住民砍除密密麻麻的芒草、在已經斷橋的溪澗架設木梯、在斷崖綁縛鐵線確保安全。除了合歡越嶺道主線之外，還調查了砂卡礑支線、合流海鼠山蓮花池支線、陶塞支線、洛韶支線，以及臺電立霧溪發電計畫的白楊路，在調查的一年間，幾乎每個假日都在山上。

調查期間發生了幾件令人哭笑不得的事情。一次是在橫越古白楊大斷崖時，因為當時湊熱鬧來參加的各路人馬多達二十多人，使得隊員間無法保持夠大的距離，楊南郡在通過時，不小心踢下一塊拳頭大的石塊，不偏不倚地打在徐如林的額頭上，登時血流如注，連眼睛都睜不開了。幸而當時同行的原住民

沒有巴達岡吊橋的時代，要下到溪底再爬上河崖。

卡拉寶部落的原住民夫婦，舂米煮飯給調查隊吃。

飛奔過來，奮力地把徐如林搶救到安全的地方。事後，楊南郡竟對徐如林說：「幸虧是打到妳，若是別人就不好意思了。」

另一次是他們看到一隻中吊子的飛鼠還在蠕動，立刻飛奔過去想要解救牠，快接近時才發現飛鼠早已死了，蠕蠕而動的是密密麻麻的虎頭蜂，爬在整隻飛鼠身上，正在吸牠的體液。大驚之下，他們馬上以兩倍速度飛奔而逃，幸虧虎頭蜂專心用餐，完全沒有追過來。否則，又是另一次致命的休克了。

有關於他們調查合歡越嶺道的

經過，在林務局出版的《合歡越嶺道：太魯閣戰爭與天險之路》書中寫得很清楚，在這裡就不再贅述了。

一年之後，楊南郡和徐如林交出了處女作：《合歡古道調查與規劃》報告。這份報告書到底合格嗎？自己也搞不清楚，但是隔天下午三點多，就接到當時的玉山國家公園管理處長葉世文處長的電話：「我剛剛看到你們的報告，調查得非常完整，我想請你們擬一個計畫案來，幫我們調查清代的八通關古道。」

清代八通關古道。

合歡越嶺道的調查報告剛出爐，隔天下午三點多，就接到玉山國家公園管理處葉世文處長的電話。希望楊南郡和徐如林能夠接下委託案，調查橫貫玉山國家的重要史蹟：清代八通關古道的人文史蹟與道路現況。

「不行、不行，我們完全沒有清代八通關古道的任何資料！」楊南郡急著拒絕：「合歡越嶺古道有很多日本人留下的資料可以參考，而且我們原本也走過幾段路。但是，我們完全不知道清代的八通關古道在哪裡？」

他進一步的解釋說：「日治時代的地圖並沒有畫出清代八通關古道的路線，而且清朝的地圖就像山水畫，完全看不出來路在哪裡。唯一描述八通關古道路線的文獻，是羅大春的奏摺，他提到道路經過的地方，都像《西遊記》裡的地名：鐵門洞、雞公山、粗樹腳、雙峰刃、雷峰洞、神仙嶺……根本不知道

八通關古道調查，清掉土石，露出六尺寬的石階。

指的是哪裡？總之，我們沒辦法調查啦。」

哇啦哇啦的一大串婉拒的話，顯然完全沒有發生作用，因為當天下午掛斷電話後，葉處長立刻從水里的辦公室出發，晚上快九點時，他突然出現在臺北內湖楊南郡家的門口。

徐如林訝異地對深夜來訪的不速之客說：「葉處長你怎麼三更半夜的……」

「無論如何，你們都要幫玉山國家公園調查清代八通關古道，我們為了這個案子，已經用了兩百多萬，花了超過兩年的時間，還是摸不到頭緒。看起來全臺灣只有賢伉儷有辦法調查。」

「不是跟你說過，我們也沒有辦法調查嗎？」楊南郡氣急敗壞的說：「你趕快走吧，這麼晚了，我們要睡了，明天還要上班。」

但是，這個牛脾氣的葉世文處長，穩穩地坐在沙發上，完全沒有要離開的意思，他從鼓鼓的公事包裡，拿出一大疊文書說：「這是我們先前委託某教授（姑隱其名）幫我們調查的報告書，他竟把日本的八通關警備道路當作清朝開

父子斷崖對面，一段寬達八尺非常壯觀的石階。

的路，就這樣交差了。我們知道不對勁，這半年多來，用自己的人手和巡山員……」

「不用說了，反正我們是不會答應的！你看，小孩子都被你吵醒了！」

徐如林進房間安撫小孩，半個多鐘頭後出來，發現葉處長還沒離開，她把楊南郡拉到一旁，小聲地商量說：「已經十點多了，明天還要上班呢。這個人太『盧』了，看起來不答應他，他是不會走的。我們沒辦法繼續跟他耗下去，不如假裝答應，讓他先走了再說。」

原本是假意答應的，沒想到竟然假戲真做了。原來，葉處長「很賊」，他先是把原本調查的報告留下來，隔天楊南郡忍不住去翻看後，覺得這裡不對、那裡不對，應該要好好改正一番，無形中就勾起他想要查出真相的期望。另一方面，他指派徐如林在臺大登山社的好朋友呂志廣擔任承辦員，還特地打電話來說：「呂志廣是你們推薦我才任用的，可別讓他為難哦。」

事已至此，只好硬著頭皮接下來。

接下來，楊南郡就展開苦行僧似的文獻蒐集。

協助調查的原住民和臺大登山社學生。

由於有關清代八通關古道開路的經過和沿途的狀況，實在沒什麼現成的資料。當時，唯一的希望是典藏在故宮博物館的「軍機檔」。

軍機檔是清朝時代，全國各地巡撫或將軍，每月向朝廷彙報的奏摺，上面每每還有皇帝御筆親批的「知道了」的硃砂字，由於以月分為收藏管理依據，又稱為「月摺包」，是故宮非常重要的文物。

軍機檔來自全國各地，有時事情多，一個月就有好幾包，光看外表並不知道是來自何處的奏摺，必須打開月摺包之後，一一翻閱爬梳，才知道是不是與臺灣相關的事情。

這些月摺包不准外借，只能在書庫內指定的地方閱讀，一次只能借十包，看完歸還後再借十包。往往十包看完，連一筆與臺灣相關的資料都沒有，何況是提及「中路」八通關的開路。

書庫裡當然不能飲食，連喝開水都不准，而且每次進出書庫都要重新填寫表格。為了節省時間，楊南郡每次入庫之前都先吃飽喝足，然後整整一天都在書庫裡翻查軍機檔，直到書庫關門，才帶著一點點微薄的成果回家。

從中央山脈大水窟直下米亞桑溪途中。

楊南郡和徐如林在阿波蘭水池。

除了在故宮埋首翻查軍機檔文獻，楊南郡和徐如林也開始進行田野調查訪問。他們打探出早年在中央金礦和白洋金礦工作的老礦工，特別準備厚禮去拜訪他，獲得一個非常有用的資訊。

礦工告訴他們說：「當年我們在山上挖礦的時候，碰到颱風大雨沖壞八通關道路時，就改走一條溪底路，聽說是鄭成功時代開的路，有幾段路做得真功夫，有很多石階。」

他們在東埔一鄰訪問到的布農族老人家，說起鄭成功曾經帶兵來開路，有些士兵還住在部落裡，教他們說「官話」。

所謂「鄭成功」，其實就是泛指清朝軍官，老礦工和布農族原住民不知道當年負責帶兵開路的飛虎軍統領吳光亮，只好用鄭成功來代替。

楊南郡和徐如林在布農老人家的帶領下，找到位於果園內的清代營盤遺址，當他們看到遺址殘存的清代典型「人字形砌石」石牆時，不禁雀躍萬分。有這樣好的開始，真是太好了啊！

對於全長兩百六十五華里（一百五十二公里）的八通關古道，楊南郡堅持一定要完整調查，即使位於玉山國家公園範圍外的部分，也要弄清楚走明白。

他們從八通關古道的起點林圮埔（竹山）的飛虎軍大營「雲林坪」遺址開始，一路沿著古道的路徑走，爬上「崁頂」到了「初鄉」，不但有路基，沿途還有很多清代的古墓，古道一直通到「社寮」（鹿谷），這裡有「入番撤禁告示碑」以及「德遍山陬碑」。這是當年古道開通後，官方與民間立下的石碑，前者是告知人民，今後可以循八通關道路前往「番界」開墾，後者是人民彰顯朝廷開路護民的恩德。

他們走過以青斗石鋪設的三板橋，這些來自福建的青斗石是當年用來作為壓艙石的。原來，清朝一直把臺灣當作殖民地，搜刮米、糖、鹿肉、鹿皮內運到中國，而從福建到臺灣的航段則需要壓艙石，以免空船太輕易翻覆。

從社寮爬上「水堀」，這裡現在稱為凍頂，是烏龍茶的著名產地，有座鳳凰山寺，內有「佑我開山」木匾，顯示在吳光亮開路之前，膽大的墾民已經先到此地拓墾了。

他們在此獲得當地老人家的協助，在大年初二當天，放著女兒歸寧不管，陪著他們去開挖被土石掩埋的古道。

當覆蓋在古道石階上的泥土被清除，露出完整的六尺寬道路規模時，楊南郡、徐如林和隨同他們一起調查古道的臺大登山社學生們，歡呼之餘，也受到莫名的感動。這次的調查，讓他們和一百多年前的開路者產生聯繫，而這感動的氛圍，在整整兩年的調查期間，就一直緊緊圍繞著他們。

剛剛說到大年初二，沒錯，楊南郡、徐如林和學生們，已經上山調查八天，並沒在家過春節。

八通關古道調查時，涉渡塔洛木溪。

中秋節也是在山上過的，當時調查中央山脈以東，拉庫拉庫溪北岸的古道路線，一趟路必須花費十二天，通過四條大支流：米亞桑溪、馬霍拉斯溪、馬嘎次托溪、塔洛木溪，每次都有一千公尺左右的落差，上、下就要花上兩天。

由於當時並沒有乾燥蔬菜，十多天的行程後半段都沒青菜可吃，徐如林突發奇想，帶了打洞的奶粉罐和綠豆，在山上邊走邊孵豆芽菜，成為日後的笑談。

這一趟路，中間曾有兩天在稜線上缺水，更無法煮食。徐如林把準備在中秋節當天要吃的月餅先拿出來，大家口乾舌燥，很勉強的吞下甜膩的月餅充飢。後來他們來到一個山洞獵寮，發現地上有個積著雨水的鋁盆，已經渴極了的隊員，你一口我一口的把髒汙的雨水喝個精光。之後，不到一分鐘，就看到一個波光粼粼的高山水池：阿波蘭池。

凡是獵寮附近一定有水源，這原本是常走山路的人必備的常識。這一支調查隊伍，包括兩個資深的原住民，東埔的伍萬生與伍明春，玉山國家公園的巡山員柯民安，人人都忘了這回事，可見得大家真是渴到瘋了。

八通關古道的調查，真是上窮碧落下黃泉，為了找到金礦工人所說的溪底路，也就是清代所開的路，楊南郡、徐如林和臺大登山社的學生們，上溯陳有蘭溪，直到金門峒大斷崖才強登八通關草原，一路上，不斷上去尋找古道，只找到片段而已。但是，發現了所謂的「鐵門洞」，原來就是樂樂溫泉的出水口，帶著礦物質的溫泉，把附近的山壁都染成鐵鏽色，被命名為鐵門洞也是很恰當的。

那麼，粗樹腳就是米亞桑溪西岸的檜木巨木林；雷峰洞就是先前那個獵寮所在的山洞；雙峰刃是大水窟下去的瘦稜上的兩座山……原來，西遊記似的地名也是有道理的。

花了最多時間的是觀高下方的古道，前後去了十七次，終於被找到了！而且，一下子就找到四十六級石階路！原來路是開在箭竹林中，密密的箭竹遮蔽視線，先前多次穿越過去都沒發現路徑，可知尋找百年古道是多麼困難的事。

但這困難的古道調查有了很好的回報，不久之後，內政部就將清代八通關古道列為國家一級古蹟，使得參與調查的人都很有成就感。

調查對關下面的清代八通關古道，楊南郡正在丈量石階的寬度、踏深。

有關八通關古道調查的新聞，當時民生報幾乎週週都有專題報導，還連載了徐如林的調查紀錄，這篇有汗有淚的調查歷程，收錄在晨星出版的《與子偕行》中，有興趣的人請自行參考，在此不再贅述。

楊南郡和徐如林並不知道他們調查八通關古道的事蹟，已經登上外國的報紙。有一天，徐如林在聯廣公司開會的時候，突然總機通報她有緊急的越洋電話，當時，越洋電話非常昂貴，若非緊急事故是不會使用的。

徐如林懷著忐忑的心情去接電話，原來是住在柏林的姑姑，看到德國報紙登出的新聞，內容是臺灣發現了一條清代重要的歷史步道，還附了一張清楚的照片。

照片裡，徐如林正彎下腰在測量一段石牆，為了工作方便，她的腰包裡放著筆記本、照相機、指南針、高度計、皮尺……，超大的腰包讓她的肚子顯得很大，好像懷孕了一樣。

遠在德國的姑姑是擔心她挺著大肚子，還去那麼危險的山上調查古道，為此特別打了越洋電話來勸阻。說清楚講明白後，兩人都哈哈大笑，楊南郡和徐如林也因此知道，原來歷史步道的調查，對外國人來說，是很重要，值得登上版面的新聞。

臺大登山社的接力賽。

八通關古道的調查，使楊南郡從百岳完成的登山家，一躍成為家喻戶曉的古道專家，也經常受邀到各地演講。有一次，他以「臺灣早期拓山血汗史」為題，在中華山岳會主辦的大專院校研習營，對著一群熱愛登山的年輕人演講。

專題演講完畢後的問題提問時間，有個大學生站起來質疑：「一百多年來，臺灣的高山早就被前輩們印上腳印，身為後輩的年輕人，還有什麼機會拓山呢？」

「問得太好了！」楊南郡趁機宣揚他的理論：「所謂的主要山峰都被登頂過，其實只是點和線而已，還有廣大的面，是人跡未踏的。目前在外國，登山已經不只是單純的登山，尤其是大專院校的學生，各有不同的專長，學歷史的、文學的、人類學的，還有動物、植物的，有地質系的學生，大氣科學的，而圖書館系、資訊系的學生可以發揮整合的作用。未來的拓山，不只是體力的展現，還可以是一整個知識系統的調查與開拓。」

曾經擔任臺大登山社指導老師的楊南郡，和先後多期的學生都熟識，很多學生也參與古道調查，建立了深厚的情誼。

當時，登山社的同學很喜歡到位於碧湖畔的老師家聊天，往往只有幾個同學說要來，結果陸陸續續就來了近二十人，把不大的客廳和餐廳擠得水洩不通。有時高談闊論到深夜，就把睡袋一攤，席地而眠。

既是學姊又是師母的徐如林，則忙上忙下張羅茶水飲食，並不時衝出廚房發表幾句意見。

當時談論最多的話題是國外登山的趨勢：由學生組成的隊伍，在登山之餘也肩負了學術調查的任務。例如日本學生組成的喜馬拉雅山區登山隊伍，當主要攻峰的隊友在努力登頂時，其他隊員則分別就各人專長，進行天文、氣象、地理、生物、當地原住民文化的種種調查研究。

其實，這種結合學術的登山活動，是早期日本人在臺灣登山的主要形式。

例如人類學的鳥居龍藏、森丑之助，植物學的川上瀧彌、佐佐木舜一，動物學的鹿野忠雄等等。

如今，學院派的學者多不願辛苦上山，輕忽了直入現場調查研究的重要性。

臺大登山社得天獨厚，當時社員眾多，各個科系的學生都有，正是實現楊南郡「學術性登山」最好的時機。

確認「學術性登山」的目標後，要如何展開行動呢？過去幾十年來，臺灣的登山活動由單峰的登頂，演進為連峰縱走、越嶺橫斷、溯溪、古道調查，基本上都是只有點和線而已。

如何擴及到面呢？唯有劃定區域，以深耕密織的方式，才能夠突破點、線的瓶頸，走進以往未曾深入的處女地帶。

這是耗時費力的工作，幸虧有學生社團的眾志成城和代代相傳，以接力的方式，由學長、學姊，傳承給學弟妹，讓多屆社團的成員，共同編織的夢想可以逐步實現。

臺大登山社學生多年來接力調查的成果。

最初選定的是中央山脈最北端，南湖大山以東的廣大山區，涵蓋宜蘭大濁水溪、大南澳溪流域，這是全臺灣雨量最豐沛的區域，昔日有「臺灣亞馬遜」之稱，泰雅族南澳群曾在此活躍，古部落與獵徑交織，龐大的地理與歷史知識，等待大家去挖掘。

臺大登山社學長以「中級嚮導訓練營」的名義，讓學弟妹欣然接受嚴苛的地形與氣候的考驗，經過無數梯次的踏查，終於完成了名為《揭開大濁水溪神祕的面紗》的調查報告。這報告獲得登山界與大專院校間的讚嘆，一時供不應求，後來由玉山社正式出版為《南湖記事》，成為登山社員學生時代最值得紀念的事。

受到成功的鼓舞，第二個選定的區域是超乎越界想像的「大膽」。那是位於臺灣心臟地帶的丹大溪流域，區內還有多座處女峰，有全臺灣最高、最長的瀑布，高山溪底溫泉與強烈的河川襲奪現象，過去的登山者都是「遠觀」或「耳聞」而已。這些強悍的臺大登山社學生，卻勇敢的親臨現場，帶回第一手報導與照片，大大的震撼了臺灣的登山界。

楊南郡與學生一起調查清代關門古道。

由於經驗的累積與傳承，學生們對於史蹟的探訪有更多的心得，包括布農族丹社群與卡社群的部落遺址，以及區內一條重要性不亞於八通關古道的「關門山古道」的調查研究，讓這一本《丹大札記》比起前一本《南湖記事》，深度和廣度都大幅提升，剛出版的三千本立刻被搶購一空。後來，也由玉山社重新編排出版。

第三個區域是臺灣最美的高山湖泊區域，也是賽德克族孕育無數美麗神話的中央山脈白石山區，縱走能高安東軍的山友，只能望著雲海下神祕的森林大地想像，登山社的同學們卻接力式的完成了令人讚嘆的《白石傳說》。

第四個區域是臺灣中央山脈南段的老年期地形，密林遮天蔽日，稜線與溪流錯綜複雜，終日雲霧繚繞的大小鬼湖區域。魯凱族和排灣族古老的神話環繞下，雨林裡正發出粗重的喘息與腳步聲。楊南郡特別參加調查會師行動以展現關心。這個區域的調查成果就成為一本完整的《南南山語》。

第五個調查的區域是玉山山塊，從臺灣最高的屋頂地帶，一直到荖濃溪沿岸的熱帶區域，接力賽還在進行中……

楊南郡（中）與開拓中央山脈南南段處女稜的夥伴林古松（右）、戴曼程（左）。

楊南郡在他為學生寫的序裡說道：「故事還沒有結束，一旦突破登山運動的瓶頸，便會發現海闊天空，到處都是值得一探的處女地帶。……這些由臺大登山社自發努力的成果，感應了其他大專院校的學生，紛紛開始『割據』一方山林，作為共同編織夢想的基地。」

最後他給了結論：「因接觸而了解，因了解而疼惜，對於我們自己的山川土地、歷史文化了解愈多，愈能疼惜臺灣。但願這個書系能帶動全新的登山方向，以深度了解取代趕路登峰，那麼，臺灣登山運動的前程，還有迢迢長路可走。」

當學生們努力於深耕臺灣各個山區時，楊南郡也不遑多讓，他和老山友林古松、戴曼程等早已完成百岳的歐吉桑，聯手開拓中央山脈南南段。

一般所謂中央山脈大縱走，最南段就只走到卑南主山。在此之南的中央山脈主脊，可以說是處女稜。這些兩千多公尺的中級山，比起三千公尺以上的高山更加難纏。老當益壯的他們，以分段探勘的方式，從卑南主山到出雲山，再從出雲山經內本鹿山、石穗頭山到大鬼湖。

大鬼湖到小鬼湖之間，他們捨棄傳統的「柯氏祕道」，而是連峰縱走遙拜山、拜燦山這段複雜而撲朔迷離的主稜，最後來到霧頭山。

霧頭山到北大武山之間是密生灌叢的岩稜，他們爬上這段處女稜，完成了霧頭山縱走南、北大武山的最後壓軸。

感謝這些「老派登山家」大費周章，一段一段的分批完成中央山脈南南段的踏勘，讓臺灣岳界對中央山脈的了解，向南延伸了六十多公里。

臺灣調查時代。

五十八歲的時候，楊南郡決定要退休。原因之一是他想做的事情太多了，如果不趁早開始，等到六十五歲屆齡退休時，可能已經喪失了熱情和體力。原因之二是他的工作帶給他很多困擾，就像前面所提到的，很多人為了想移民美國，不惜一切代價，一旦發現不能成功，有些用利誘、有些用自殘博取同情，有些則是赤裸裸的威脅。

因為他的工作，知道了太多人的祕密，也破壞了太多人的移民美夢，甚至有人跟蹤他，準備行賄或教訓他，每天都有黑函寄來告狀。關於這些他倒是不怕，但是，有幾封威脅信件，提到孩子的就學學校班級，表示對方已經暗地掌握小孩的安危，這件事情就很讓他擔憂。

有鑑於此，ＡＩＴ特別准許楊南郡彈性上班，每天清晨七點，他送小孩

楊南郡退休時，美國在臺協會理事長丁大衛頒贈榮譽狀。

進學校後就開始上班，下午四點鐘他可以提早下班，好到學校去接小孩，以免綁架威脅的噩夢成真。

這一段時間，美國的景氣開始走下坡，很多美國人都失業，對於新移民者來說，更是加倍艱難。而且臺灣歷經退出聯合國和與美國斷交兩大震撼，看起來也還好好的，移民申請案件慢慢的減少了。

AIT的上司有意幫忙，就以工作量減少為理由，縮編了移民調查的人事架構，把主任移民調查官的職位廢除。如此一來，因為沒有適當的職位，可以安排當時已是最高職等的楊南郡，美國政府只好讓他「優退」了。

在接受所謂「光榮退休」的盛大歡送會，以及領了一大堆感謝狀與紀念禮物後，楊南郡無職一身輕的開始退休生活。

他開始閱讀原本很想好好研究一番的鳥居龍藏、伊能嘉矩、森丑之助等人的作品。

起初，他在日文書上寫點意見或心得，後來，他開始用筆記本翻譯或記錄一段他認為有價值的文章。有一天徐如林發現他把整篇文章翻譯出來，就問他說：「看書就看書，為什麼還大費周章的把文章翻譯出來呢？」

楊南郡說：「我發現，翻譯是最深刻的閱讀。同一篇文章，隨便看過去和翻譯出來，心得差異很大。翻譯之前，我必須深入了解作者寫這一篇文章背後的意義，思考過後才能夠譯成適當的中文。在這個時候，我就能和作者並肩同步了。」

既然如此，徐如林就拿出她的專用稿紙讓楊南郡使用。這稿紙是為了廣告文案書寫而設計的，每張可寫五百字，使用上好的米黃色印書紙，用2B自

臺灣調查時代系列的出版，造成臺灣學的興起。

臺灣大學、遠流出版與中國時報合辦探險臺灣座談會。

動鉛筆來寫的時候，滑澀度恰到好處。

楊南郡一用就愛不釋手，於是不上山的日子，就專心的翻譯，還加上註解。當時，並沒有要給什麼人看，註解也是他自己想寫給自己看，以防將來忘記的。

如此兩年下來，手邊已經積存了不少譯註稿件。有一天，當時的臺大歷史系副教授吳密察（現在是國史館館長）看到後，驚為天人。

「楊老師，你這些是寶貝呀！我一定要找遠流出版社來幫你出版，遠流有個臺灣館叢書系列，我是他們的顧問。」吳密察興奮地說：「等一下，你要一魚兩吃。我先幫你安排刊登在北縣文化的刊物上，先拿一筆稿費也順便做宣傳，到時候遠流一出版，就會一炮而紅。」

這一套書後來就稱為「臺灣調查時代」系列，包括鳥居龍藏的《探險臺灣》、伊能嘉矩的《平埔族調查旅行》與《臺灣踏查日記上、下》、森丑之助的《生蕃行腳》，這五本書把日治時代初期的「臺灣探險三傑」的形象鮮明的勾勒出來。

森丑之助傳記日文版。

成為當時學術界和一般關心臺灣歷史的人士必備的案頭書。熱銷的狀況甚至連遠流出版社都始料未及。

寫在《生蕃行腳》之前，記述森丑之助一生傳奇的文章，後來被日本學者翻譯為日文，以《幻の人類學者森丑之助》為書名出版。楊南郡在日本新宿京王飯店，以此書為名發表演講時，來自日本各地的臺灣研究者，幾乎擠爆了三百人的會議廳。

臺灣百年前的足跡。

因為「臺灣調查時代」系列的轟動熱銷，連帶的激起民眾對臺灣本土歷史的興趣，一時「臺灣學」成為顯學，各式各樣與臺灣相關的書籍大量問市，顯現了臺灣民眾被壓抑了五十年，無法真正了解臺灣本土的鬱悶。如今，藉著臺灣相關書籍的閱讀，讓大家得到前所未有的滿足，臺灣意識也在此開始萌芽了。

在這種風潮下，以「臺灣之子」為號召的陳水扁當選了臺北市長。當時，為了轉型正義，他的市政團隊決議提出變更「介壽路」為「凱達格蘭大道」。當「凱達格蘭大道」的名稱提出來時，一時社會群情沸騰。藍系人士固然非常不滿，綠系人士也不明瞭為什麼要用「凱達格蘭大道」這個外國名稱？

楊南郡一看事態不妙，擔心阿扁團隊無法抵擋民怨，把新推出「凱達格蘭

右圖：百年前的足跡追述臺灣調查三傑當年的艱苦踏查。

左圖：伊能嘉矩渡臺百年，日本遠野市為他舉辦盛大紀念會。

大道」之名的決定又退縮了。他當下提筆疾書，一個多小時就完成了〈為什麼是凱達格蘭〉。之後，徐如林專程把稿件送到聯合報系，隔天，聯合副刊一登出文章，漫天的反對聲浪立即平息，反過來，大家開始追溯自己的祖先，想了解自己是不是也流著平埔族血液。

當時中國時報人間副刊編輯曾經抱怨說：「楊老師你不是一向都投稿給我們嗎？怎麼這一次這麼好的文章卻拿給聯副呢？」

楊南郡哈哈大笑說：「因為聯合報是反對聲浪最高的暴風中心，我當然要把炸彈投在那裡，才能一舉成功啊。」

楊南郡與曹永和、張炎憲等學者到日本遠野市伊能嘉矩墓前憑弔。

多年以來，楊南郡跟中國時報一直保持良好關係，他曾以〈斯卡羅遺事〉獲得第十五屆時報文學獎的報導文學首獎，還以《臺灣百年前的足跡》一書榮獲第十九屆時報文學大獎。

《臺灣百年前的足跡》，是以「臺灣調查時代」譯註時，跟隨著鳥居龍藏、伊能嘉矩、森丑之助的探險腳步，前往那些已成廢墟的舊部落遺址再踏查。其中，到古樓舊社調查時，發現雖然部落早已人去屋傾，但是當年排灣族人栽種的各種花草樹木依舊欣欣向榮。

這一段話飄洋過海，感動了一位八十二歲的老人家，原來他是鳥居龍藏的

鳥居博物館有如一座日本古城。（現另蓋新館）

楊南郡譯註，晨星出版的《鳥居龍藏》。

楊南郡以《百年前的足跡》獲第十九屆時報文學獎。

次子鳥居龍次郎。當時擔任德島縣鳥居龍藏博物館館長的龍次郎寫信給楊南郡，信中寫道：「當楊先生來到先父所去過的部落，看到先父曾經看過的花草依舊盛開，看到這裡，我不禁潸然淚下。」

沒多久，伊能嘉矩的故鄉遠野縣，為他舉辦渡臺百年紀念，楊南郡因為對伊能嘉矩在臺的調查旅行瞭若指掌，以民間人士特別被邀請去演講。會後，他到四國鳥居博物館參觀。鳥居龍次郎以貴賓之禮接待他，在豪華的會席料理上菜之前，這位八十幾歲的老人家，竟然

楊南郡帶中時人間副刊隊上玉山，解說地形與歷史。（前排左三為劉克襄，左四為路寒袖，二排左一為楊南郡）

向當時才六十幾歲的楊南郡行叩首大禮。

楊南郡慌忙從座位上跳起來扶他，問說：「何以對我行大禮？」

龍次郎正色地說：「先生不辭勞苦，追隨先父的足跡深入高山部落，翻譯註解先父的文章，彰顯先父的名聲，小生感激莫名，何止是一個大禮所能表達？」

代表臺灣參加國際會議。

西元二〇〇五年是日本山岳會成立一百周年，為了慶祝這個大日子，日本山岳會廣邀世界各國的山岳會參與盛會。受邀貴賓只要自付機票，其餘食宿遊覽完全由日本方面招待。

臺灣方面，由中華民國山岳協會會長黃宗和，以及楊南郡和徐如林代表參加。中華民國山岳協會的前身「臺灣山岳會」創建於一九二六年的日本時代，跟日本山岳會幾乎可以說是姊妹會，因此對來自臺灣的三個人特別親切，簡直就像自己人一樣。

其他國家的山岳會長看到這情景，都特別來和臺灣三人組套交情。其中美國山岳會的會長夫人是祕魯人，有著西班牙與印加血統的她，熱情洋溢的邀請楊南郡和徐如林去祕魯走印加古道。印加古道原本由印加帝國首都出發，從前

楊南郡、徐如林和山協理事長黃宗和，一起參加日本山岳百年會。

必須走十天才能抵達天空之城馬丘比丘，古道經過四千兩百多公尺的高山埡口，冰雪高峰、奇花異卉，以及沿途不斷出現的印加遺址，讓印加古道的健行，成為登山旅遊界的夢幻逸品。

「歡迎你們來祕魯，我們有很大的農場可以招待你們，到時候一定專程陪你們玩到飽。」

遙遠的一趟旅程至少需要二十天，因為後來一直有事無法抽出那麼久的時間旅行。祕魯的印加古道健行之約，遺憾的始終沒有成行。

日本山岳百年會後的旅遊招待，是到日光東照宮。一路上，日本山岳會的老山友們，一直唱著臺灣歌謠，雨夜花、望春風，當時，中國代表應該很不自在吧？

最後，他們說：「我們去臺灣登雪山的時候，喜歡住在志佳陽，我們在那裡學了一首歌，大家都非常喜歡，現在就合唱給各位朋友聽。」

於是，他們就用粗嘎的聲音，唱起〈伊保樹之歌〉。

唱完後，楊南郡拿起麥克風，為大家說明〈伊保樹之歌〉的來歷，以及鹿野忠雄和托泰布典的故事。一首歌連結了那麼多的故事，繞了那麼一大圈讓我們在日本聽到，想起來真是不可思議。

二〇〇六年，IML世界健行會的年會在美國召開，楊南郡代表臺灣參加。當年要審查中國的入會資格，按照往例，中國一旦入會後，絕對會排擠臺灣的會員資格。

楊南郡因為多年來在美國單位工作，深知現在表達立場的重要性，於是他在大會發言說：「臺灣雖然不是IML的創始國，但也是善盡會員義務的資

美國山岳會長夫人蘿莎（右），力邀楊南郡、徐如林到祕魯走印加古道。

深會員，我們歡迎中國加入，成為ＩＭＬ的會員。但是，新會員的加入，不應該影響原有會員的權益，我建議，將這個發言列入正式的會議紀錄。」

他的發言得到全體會員鼓掌通過，成為大會憲章的一部分。

二〇〇七年，ＩＭＬ世界健行會的年會在義大利召開，這回楊南郡和徐如林代表臺灣參加。出發之前的一個月，徐如林以〈跟我走向世界〉為題目，在自由時報投書，總共號召了十六個隊員參加這次的國際健行活動。

楊南郡、徐如林和黃宗和在日本被招待非常豐盛的活魚沙西米。

參加世界健行大會後，楊南郡接受義大利電視臺的專訪。

大會召開的第一天，中國代表建議我們要使用「中華臺北」的奧運會模式參加。楊南郡起身抗議說：「IML是一個講究公平公正的團體，如果要用國家名義，那麼你是中國，我是臺灣，如果要用城市名稱的話，我是臺北、你是大連。其他的會員國也應該一體適用。」當場贏得如雷掌聲，會後，義大利的電視臺特別訪問楊南郡，讓他把意見再陳述一次。其他會員國代表也紛紛過來致意，他們說：「你們臺灣代表以前參加會議都不說話，我們想幫也幫不了，很高上圖：開始健行之前，臺灣隊員拍照留念。

下圖：楊南郡在健行途中與挪威健行會會長一家人合影。

中華民國國旗，難得能在各國的遊行隊伍中飄揚。

興你大聲的說出來，我們都支持你。」

不知道是否前一天吃癟的關係，第二天的會議，中國代表居然缺席了！楊南郡再打一耙說：「參加大會會議是會員應盡的義務，中國代表可能不知道，這一次就原諒他。下次再缺席，是否就要開除他們的會員資格？」這個發言又得到全體會員的熱烈掌聲。可見得中國真是「顧人怨」啊。

可能是義大利電視臺的節目為我們做的免費廣告，當健行時，所有的人都對著我們大聲喊著：「臺

楊南郡獲世界健行會的獎章。

灣！臺灣！」帶出去的小國旗和貼紙，很快的被索取一空。兩天的健行活動，臺灣隊都獲得上萬個參加者的好感，健行完成後的遊行活動，當臺灣隊舉著青天白日滿地紅的國旗，和其他國家的國旗並列前進，很多隊員都激動得熱淚盈眶。

有一對來參加健行的醫生夫婦說：「奇怪？在臺灣我看到這面旗子就感冒，為什麼到了外國，同一面旗子卻讓我感動？」

這一次的國際健行，臺灣隊獲得了團體獎盃，大家穿著印有TAIWAN字樣的T恤，捧著金盃拍照，第一次感受到身為臺灣人的驕傲。

用古道寫臺灣史。

多年來，楊南郡和徐如林調查臺灣古道，提出一本又一本的報告書給國家公園或林務局，作為古道修復和規劃經營的參考。然而，很多調查時獲得的珍貴資料，就只能放在自己的腦海或筆記本裡了。

二〇〇五年五月，楊南郡和徐如林在水里玉管處和當時的林青處長閒聊時，不經意提起大分事件。因為當時正是大分事件爆發九十周年，卻少有人知道玉山國家公園內的布農族祖先們，曾經英勇的發動抗日，並以智慧和韌性，抵抗長達十八年，直到臺灣總督與警察當局低頭示弱，才結束漫長的對抗。

「大分事件與太魯閣戰爭、霧社事件，並稱為日治時代『三大理蕃事件』。八通關越嶺道也是為了這個事件而開的呀！玉山國家公園範圍內，有這樣重大的歷史事蹟，應該要把它調查彰顯出來！」徐如林這樣向林處長提議。

描述大分事件的《最後的拉比勇》，後來改書名為《大分．塔馬荷：布農抗日雙城記》。

「真的有這樣重要的歷史和遺跡，那是一定要調查清楚的。」林青處長在驚訝之餘，很快下了決定：「那麼，這件事情就要拜託妳和楊南郡老師來幫忙了。」

闢建於西元一九一九年（日本大正八年）的八通關越嶺道，走在上面幾乎每幾公里就有個殉職碑，記載著在此陣亡的日本警察的名字，原來這就是大分事件後，臺灣總督府想要建一條警備道路，「像一把利劍一樣插入原住民部落的心臟」。而那些殉職紀念碑，就是原住民族拚死反抗的證據。

累積了二十幾年來的資料，再經過一年的調查和消化。於是有了《最後的拉比勇》這一本書。

每一條古道都有它的故事，為什麼會開這一條路？開路時候發生的事情，道路開通後駐紮的營盤或駐在所，與原住民族的糾葛，哪些人走過這條路？古道重新被調查時有什麼故事？

總之，當你知道古道背後的故事時，走起來它就不是一條普通的山路，每一堵殘牆，都透露出一個歷史故事，每一個彎道，好像都有個歷史人物站在那裡等候。

《最後的拉比勇》出版後得到很多好評，這讓林務局想起了能高越嶺道也有個霧社事件。因此，受到委託的楊南郡和徐如林，在一年後交出了《能高越嶺道：穿越時空之旅》。由於出版當年正是電影《賽德克巴萊》即將上映的時機，這一本深入描述霧社事件真正的起因，以及發生在能高越嶺道上的種種故事，獲得了巨大的迴響。

利用古道為線索，走進一段少為人知的臺灣歷史，成為楊南郡和徐如林撰寫系列報導文學作品的標準模式。

上圖：林務局出版的臺灣歷史步道系列，讓讀者走進古道也走進臺灣歷史。

下圖：《能高越嶺道》榮獲政府出版品特優獎。

南臺灣的浸水營古道，從荷蘭人到東部探金，和路上的力里社起衝突；鄭成功攻臺，荷蘭商務員帶著七十七名人員走這一條路逃難；清代的鴨母王朱一貴失敗後，他的部屬王忠藉這一條路逃亡；天地會林爽文被戮後，部屬莊大田也要靠這一條山路敗走。及至清末胡適的父親胡傳乘轎過此路去臺東就職，小胡適和媽媽也乘轎到後山去依親，卻在甲午戰敗後倉皇逃離。

這一條古道也是充滿移民悲歌的路，西拉雅族、馬卡道族，趕著牛車移民到後山，又有多麼不得已的苦衷？牽牛割帶著數十上百頭牛，緩慢的走在這一條已通行五百年的古道，牽一頭賺一頭的優厚利潤，讓他們餐風宿露也不以為苦……

有「理蕃總督」之稱的佐久間左馬太，在臺灣擔任總督長達九年多，是歷任總督任期最久的。他發動太魯閣戰爭，用三萬人去攻擊三千個完全沒瓜葛的太魯閣族，只為了好大喜功，要親自領軍。最後害自己墜崖受傷，隔年還猝死而無法頤享天年。

然而，因此而留下來的合歡越嶺道，竟成為享譽國際的天空步道，合歡

《浸水營古道》獲得金鼎獎。

越嶺道的一段，「錐麓斷崖古道」成為大家心目中一生一定要去走一次的路。

一本又一本的書，讓幽微的臺灣歷史片段散發出光芒，使每一條古道不再是遙遠冷漠的山路，而是與每一個臺灣人的生命息息相關的絲線。

《合歡越嶺道：太魯閣戰爭與天險之路》是楊南郡和徐如林第一條調查的古道，也成為他們兩人共同撰寫的最後一本書。

八月蘭花開。

二〇一六年八月一日，楊南郡和徐如林正在吃早餐的時候，突然聞到一陣花香，隨著涼爽的晨風吹過來。

「咦？很像是蘭花的香味，但是，那些報歲蘭應該是過年才開花的呀！」

楊南郡和徐如林從一九九五年搬家到新店山區後，有個前院和後方的大露臺，種了幾棵大樹和各種花草。這些花草樹木都不是買來的，而是朋友送的，或是被颱風吹折的枝幹插枝成活的。其中，很多盆是祝賀的蘭花，包括春天會開花的蝴蝶蘭、文心蘭、嘉德麗亞，還有農曆春節開花的報歲蘭。徐如林有綠手指，隨便種什麼都長得頭好壯壯。

「明明是蘭花的香味，我出去看看好了。」不久，徐如林果然抱著一盆報歲蘭進來，盆栽不合時節的抽出兩枝花莖，算算共有十七朵，難怪香成這樣。

「放在客廳這邊讓你聞香吧？蘭花可能是為了安慰你才開花的。」「一定是什麼好兆頭。」自從兩年前罹患癌症以來，楊南郡大幅改變了人生觀，無論什麼事都趨向正面思考，心地也變善良了。

為了維持體力，每天清晨楊南郡和徐如林都在景文科技大學的操場散步。楊南郡常以「今天較累」討價還價的想少走幾圈。但是，每當夜間大豪雨，隔天早上他卻迫不及待的要去散步。

告別式場外，小弟楊南聰和楊南郡的海報合照。

因為積水使蚯蚓紛紛從泥土中爬出來，牠們的體色與暗紅色的跑道相近，如果不及早把牠們送回草地，不是被踩死就是被晒死。這時，楊南郡常說：「再多走一圈看看，也許還有遺漏的。」

對於學生或晚輩，他也不再像從前那樣嚴厲要求，而是用鼓勵取代責

楊南郡和徐如林在奇萊北峰。

罵。從前，他什麼都追求快速，走路、吃飯、寫字、調查研究……口若懸河，聲若洪鐘。罹癌之後，因為化療和手術傷口，不得不放慢步調，後來連發音都變輕微了……

八月蘭花開，讓楊南郡非常高興，他再次說：「一定是什麼好預兆，我覺得最近身體和精神狀況都很好，應該可以開始翻譯《Seven Summits》(註)了。稿紙快用完了，妳再幫我印一令好嗎？」

「稿紙還有四本多，夠你寫二十幾萬字了。」徐如林眼前浮起十年前，楊南郡說：「我的未來還有很多可能性。」那時自信滿滿的神情。

半個月前去臺大醫院拆線時，主治醫師一邊拆線一邊高興的說：「真是大工程！這一次切除得這麼徹底，兩年內應該都沒問題了。」

也許，楊南郡已經度過難關，就要開展下一波令人驚嘆的人生了！就像這意想不到的，開在八月的蘭花。也許，專心翻譯他最喜愛的作品，可以讓他又有新的生活目標，對於癌症患者是很好的。

於是徐如林說：「這一次不要跟人家簽約才不會有壓力，李醫師說還有兩年，你按照自己的體力，慢慢寫。」

誰能預測未來呢？誰想得到復原得這麼好，其實已經暗藏危機？

如今，厚厚的一本《Seven Summits》原文書放在徐如林的書桌上；《霞喀羅古道》的撰寫計畫尚待完成；《伊保樹之歌》鹿野忠雄和托泰·布典故事的後續也在醞釀中……楊南郡留給她的未完工作還很多。

也許，這是這一輩子要繼續跟他一起完成的夢想吧。

·註·

《Seven Summits》是描述攀登世界七大洲最高峰的歷程與心境，作者 Frank Wells 是迪士尼公司總裁，五十歲生日當天決心開始登山，膾炙人口的卡通片《獅子王》就是他在攀登非洲最高峰吉力馬札羅山時所構思的。Frank Wells 在一九九四年因為空難喪生而無法完成「七頂峰」（珠穆朗瑪峰因氣候突變，功敗垂成）。他的登山夥伴 Dick Bass 後來成為世界第一個完成七頂峰的記錄創造者。

〔後記〕

過化存神。

楊南郡老師逝世快一年了，林務局和臺灣大學想要為他辦一個紀念活動，名為《連峰縱走——楊南郡老師紀念論壇》。原本希望由參加論壇的來賓各交一篇文章，集結成一本紀念專刊。但因為時間已到學期末最忙的日子，加上一放暑假，很多老師都出國研修考察，要收集各家的文章恐怕非常困難。

於是，我把心一橫，自告奮勇的說：「我一個人來寫就好了，就寫楊老師一生從坎坷跌宕到高潮迭起的傳奇故事。書名就和他的紀念影片一樣，叫做《連峰縱走》好了。」

一言既出，駟馬難追，我既然把自己逼到絕地，就要拚命的完成任務。在這短短的兩個多月，要出版一本書，扣除出版社的編輯與印刷時間，我的撰寫與照片整理時間真的非常緊迫。

楊南郡七十歲生日當天，在加賀屋以會席料理慶賀。

起初，我以第一人稱來敘述楊南郡與我的故事，然而，每每讓自己的感情深陷在其中而淚流不止，以致於不得不暫停書寫。後來，我改用撰寫「報導文學」的方式，讓自己抽離出來，用第三者的立場冷靜敘述，才得以完成全文。

選取照片時也面臨困境，原本我們大多數重要的場合是使用正片（幻燈片）拍攝的，因為時間不允許，我只能翻拍老照片。而檢視這數千張舊照片時，等同回顧楊南郡的一生，往往一張老照片就觸動了某個開關，往日情景翻湧而出，止不住的淚水也翻湧而出……

我知道這是出版這本書的最佳時機，錯過了，可能再也寫不出此時的情感。為了擔心自己無法克服重重困難而中途放棄，我先向眾多親友宣告新書出版的消息，於是，在眾人的鞭策下，駑馬也要四蹄飛奔起來了。

用「連峰縱走」這四個字來概括楊南郡的一生是非常貼切的。不僅在於登山時，他經常堅持「稜線的完全縱走」，例如：縱走奇萊連峰，他並不像現在一般的登山隊，繞過較困難的地形，而是踏著刀刃般的斷稜，一峰一峰的走過去，甚至從奇萊北峰沿稜直下屏風山；某次縱走玉山連峰，他刻意捨棄現在大家慣行的山腰路，而是像鳥居龍藏、森丑之助、川上瀧彌那些早期的登山探險者，從塔塔加鞍部沿著稜線直登玉山前峰、玉山西峰，再沿稜直上玉山主峰。

他的古道調查報告與日本時代文獻的譯註，也是一本一本像連綿的山脈接續的出版，嘉惠年輕的學者。到後來，結合散文與報導文學的《國家步道歷史叢書》系列，更像一座座連峰並列的高山，吸引著讀者去攀爬。

到了人生最後的兩年，即使是罹患了癌症，八度住院、七度手術，還有一波波的化療和放射治療，一般病人在這種狀況下，已經只能勉強維持殘生。楊南郡卻在每次住院治療之間的空檔，繼續教學、演講、出遊，甚至完成被他人視為艱鉅的三本書的出版。

人生最後的十二天，他在臺大安寧病房，把蕭索如殘冬的病房住成櫻花盛開般的春天，一波波的訪客如沐春風，很多人一來再來，只為把握最後親近老師的機會。

其中，臺灣大學總圖書館編審阮紹薇小姐，號稱是「楊南郡老師的頭號粉絲」，只要有空就來探望。有一次她問：「楊老師這一生中還有什麼沒做到的事，要讓年輕人接著努力呢？」

楊南郡想了一下，說：「清朝光緒元年，吳光亮領兵開闢八通關古道時，相傳曾在八通關留下一個『過化存神』的石碣。從日本時代起，很多人就在找

在病中完成最後的譯註作品，鹿野忠雄的《東南亞細亞民族學先史學研究》兩大冊巨著。

它，我也多次在八通關草原和附近的山麓尋找，始終沒有找到，不知道將來有人能去把它找出來嗎？」

「哦，『過化存神』是什麼意思呢？這四個字怎麼寫？」阮紹薇一邊問，一邊把她拿來的桌曆翻過來，讓楊南郡在空白的背面寫字。

「意思是說，雖然我死了，但是我的精神，我的一切（功業）都將永遠留存。」楊南郡一邊回答，一邊就在紙上寫下「過化存神」四個字。因為幾天沒有動筆，先寫的「過化」二字顯得有點凝滯，及至寫到「存神」，他忽然精神大振，落筆順暢，之後，一直到生前最後一天，他就保持著這樣旺盛的精神，加速燃燒體能，發出燦爛如花火的生命最後光輝。

「這兩年我拖累妳了。」每當深夜訪客一一離去，才是我們稍微能聊些話的時刻。

「什麼話，你拖累我可久呢，快四十年了吧？」我故意用開玩笑的語氣來沖淡感傷的氣氛。

鹿野忠雄的《山、雲與蕃人》是楊南郡最喜愛的書。因為出了中文版，促使日文版問世，是他生平最快慰的一件事。

「沒錯，我最初看到妳的時候，妳就像一隻快樂的小鳥。我最喜歡聽妳唱那一首『姑娘生來愛唱歌』，妳唱起來有一種快樂到理直氣壯的感覺。」楊南郡笑著說：「現在，再唱一次給我聽吧！」

「這首歌要放開喉嚨唱才過癮，現在在安寧病房，又是三更半夜，等一下護理師要過來制止的。」事實上，我們的訪客常常要勞煩護理師來趕人，好不容易訪客走了，怎麼可以繼續唱歌吵到安寧病房的安寧？

「說的也是。那麼，答應我，

以後妳要繼續唱歌，還要繼續登山和旅行，尤其是我們一直想要去的俄羅斯、埃及、西藏、祕魯……」

為了確保我將來會繼續到處旅行，楊南郡對很多來探望他的臺大登山社校友說：「你們要去哪裡登山或出國旅行，一定要找師母一起去，不要讓她一個人在家……」

因此，二〇一六年八月二十七日清晨，楊南郡老師告別大家，獨自一人化為千風，雲遊四海之後，我在清償各種文稿債與演講債之餘，當年十一月，去了西藏。面對著壯麗的冰川和優美的高山湖泊，我用石塊為他堆起兩個小小的瑪尼堆，蓋在他的一小撮骨灰上。瑪尼堆被西藏人視為神聖，楊南郡應該可以安然的倘佯在喜瑪拉雅山脈的懷抱中。

今年二月，有人邀我三月一起去埃及旅行，我推辭說：「四月和五月，我就要去祕魯走印加古道，雖然我也很想去埃及，但是，未免太密集了。」

「可是，我們已經答應楊老師要邀妳出國旅行……」言下之意是：「師母，妳就行行好，讓我們早點對楊老師有所交代吧！」

所以，我就半推半就的出發去埃及，在尼羅河畔的「阿布辛貝神殿」前，為他留下一點骨灰，讓他可以天天看著蔚藍的天空和蔚藍的納瑟湖。因為登山的關係，楊老師最喜歡晴天了。然後，我在紅海邊也讓海水帶走一小撮骨灰，因為，楊老師生前也曾經想過要海葬。

十二年前，我們參加日本山岳百年會時，曾和美國山岳會會長夫婦說好要去祕魯印加古道健行，然而，卻一直被各種事務纏身而沒有成行。今年四月我終於有機會向印加古道前進了！

兩年多來，因為照顧楊南郡，我幾乎停止高山的登山活動，體力大受影響。因此，第一天的行程，簡直是氣喘如牛。從高一開始登高山到現在，這是第一次讓我感受到「心臟快要跳出胸膛」的難受。

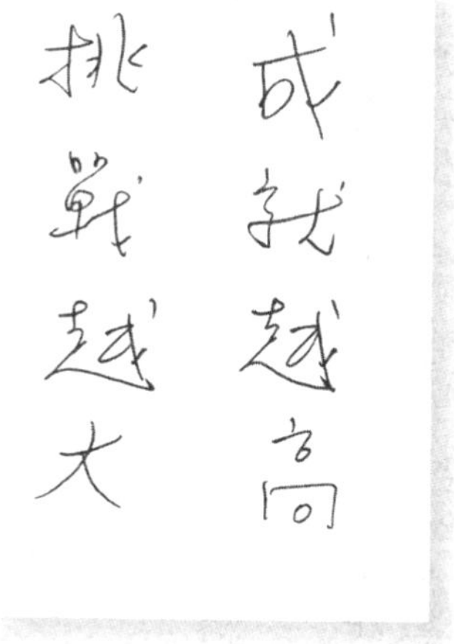

在安寧病房寫給年輕人的勉勵，不要怕困難，因為：挑戰越大，成就越高。

當天晚上，我摸著胸前的口袋，那裡面裝著一點點楊南郡的骨灰，祈禱說：「跟著我一起走印加古道吧！明天是最困難的一天，要翻過海拔四千兩百二十五公尺的『死女人鞍部』，我不知道能不能順利完成？」

隔天，我被隊友笑稱：「打通任督二脈了？」體力和心肺功能神奇的回來了！

據說，日本很多修道的人，獨自一人巡禮「四國八十八箇所」，也就是當年空海大師修道所走過的路徑以及寺院。他們身穿白色的巡禮者衣著，上面寫著「同行二人」，以表示有空海大師陪伴同行，任何的困難和痛苦都可以克服。

我走在印加古道上，看到優美的溪澗瀑布、盛開蘭花的小徑，就拍拍左前胸的口袋，說：「快點看，這麼漂亮的地方！」；穿行在途中每一個印加古城的遺址時，或爬到高處看著四周積雪的安地斯山脈，也拍拍口袋說：「我繞一圈，你慢慢欣賞吧！」

「與子偕行」的感覺，讓我不自覺的忘記自己已經是六十幾歲的歐巴桑，直到年輕的嚮導驚呼：「我的天啊，你和我的祖母一樣老！她已經無法走路了。」

在印加古道這裡，我沒有把楊南郡的骨灰放在著名的「馬丘比丘」，而是放在一個遺世獨立的印加遺址，面對著一座很像新康山的高山，還可以經常看到亞馬遜流域上空的雨後彩虹；天晴時，可以看到全世界最大的猛禽：安地斯兀鷹在山谷上空盤旋……我知道，這會是他喜歡的地方。

這一年裡，有人要為他設置「楊南郡紀念館」或立碑紀念；有人建議要把哪一座山或哪一條路，改用他的名字來紀念他，我都一一婉拒了。

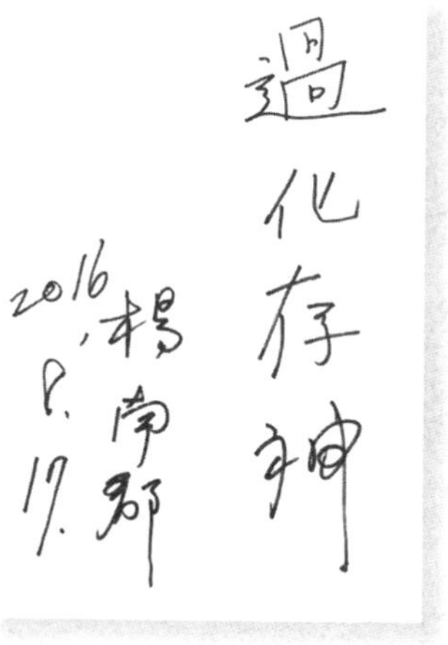

楊南郡於病榻上親筆寫下過化存神手稿。

楊南郡老師生前說過：「我寫的書就是我的紀念物，只要有人還在看這些書，還能從書上得到一點感動、一點幫助，我就永遠還活在那些人的心裡。」

「過化存神」，曾經刻在八通關的這一塊石碣雖然消失了，但是它的精神卻永遠留存著。

〔附錄〕

楊南郡的不老人生。

劉克襄

日前離開人間的登山大師楊南郡，眾所周知的重要著作，幾乎都是在六十歲以後逐一完成。

在這之前，他的撰寫泰半是政府機關的山野調查報告。六十歲以後，才像花火不斷綻放，璀璨地點亮高山美學的夜空。我們終而有福氣，閱讀一部部宏偉著作，像大山在我們面前漸次矗立。進而驚奇地看到，臺灣的登山又有了新的面向和高度。

仔細回顧，楊南郡跟其他優秀的岳人相似，一九七〇年代時已完成百岳，同時跟登山界四大天王都有淵源，屬於登山界的開山前輩。但他又跟其他岳人不同，當大家醉心於高山的健行縱走時，他已展開對過往人文史蹟和部落文化的濃厚興趣，持續地默默調查。有此長年登山經驗的積累，才有日後的生命爆發。

那爆發在一九八〇年代末，我和前輩相遇時。此時，前輩已近六十，臺灣的百岳、攀岩或溯溪等休閒活動，彷彿都走到一個階段，逐漸有人把登山的視野轉移到國外，挑戰世界名峰。本土的高山攀爬彷彿來到一個峽谷邊緣，但他從這裡搭起一座寬闊的長橋。大橋那頭，臺灣的高山以大家還未熟悉的風貌再度拔起。登山的意義何在，儼然有了不同層次的樣貌。尤其是古道探查和部落文化的昔時狀況，都留下嚴謹的爬梳和譯註。

人生六十才開始，前輩展現了不老精神，一個人與天長逐。他不只是埋頭書寫史詩般的巨著，還跟年輕人一樣，繼續以勇健的高齡努力攀越山野。親自走到歷史現場，探查古道現況和部落遺跡，或者拜訪在地耆老。縱使在人生最後一個月，依舊在各地講演，積極的鼓勵後進。

前輩一生嚮往，櫻花在最璀璨時凋謝，其人生亦徹底實踐，今夏以最後一次的華麗盛開，精彩地回報這塊土地。如今再回顧他的著作和田野調查，他送給我們的禮物豈只是高山學術的豐厚內涵，更提示了一個生活態度。年紀大了時，很多事情才可能更成熟而有智慧的面對，以及竭己之力完成。

一個人退休以後，生活可以更加熱情地開展，帶給社會巨大的貢獻。從

楊南郡（右二）與劉克襄（左二）在八通關。

六十歲到八十五歲，從出版著作的角度，他最讓人推崇的，當是這一階段的繼續努力。人生的下半場依舊往上，而非走下坡。這正是我們今天面對人口老化，最該鼓舞的不服老力量。

愈來愈多的銀髮族，不知有無看到，在他身上，老年以最後最精彩的一次美麗，敞開人生的大門。如今我也欣然，來到這一門檻，準備出發。很謝謝前輩，在多年山行陪伴下，給了這最後一次的提示。

——《中國時報》二〇一六、九、二

〔附錄〕

我就像盛開的櫻花。

涂建豐

八月廿七日天氣晴朗，楊南郡老師就像他往常登山的習慣，早上四點三十分就把握清晨的清朗時光，出發了！穿著他最喜歡的登山服，帶著帥氣的領巾，這些都是他生前確認清楚他要穿的。

——徐如林

二〇一六年八月十三日，接獲好友郭明賢通知，楊南郡老師原以為已獲控制的腫瘤，竟突然已經蔓延至整個頭頸部，無法動手術，隔天起將安排安寧病房，不再積極治療。「惡性腫瘤太強大了，臺大醫院所有的醫師都沒見過此種狀況。所有的療法都跟不上癌細胞蔓延的速度！」八月十五日，又接獲訊息說，楊老師強烈疼痛和呼吸困難，住院醫師趕緊為他施打嗎啡止痛，現在藥效中沈睡，而腫瘤已經長到像拳頭般大小了。

八月十九日剛休假，我就與明賢一同北上，到臺大醫院探視楊老師，楊老師女婿雅柏甦詠（浦忠勝）的二哥浦忠勇教授夫婦正好要離去，幾乎每天都來探視的監察院副院長孫大川則稍早離去。楊師母徐如林把病床邊座位讓給我，我坐近楊老師床邊，楊老師開口說：「麻煩你們了！」讓我大吃一驚，因為七月中，楊老師南下高雄時，講話只有氣聲，現在竟然音量大了這麼多！

楊老師咽喉處上懸著一個雞蛋大的腫瘤，告訴我這真的是一名癌末的患者。但楊老師臉色紅潤，一直面帶微笑，毫無病容，精神好到讓人不敢相信！

沒多久，臺灣大學總圖書館館長陳光華教授、特藏組洪玉珠主任與阮紹薇編審也來探望楊老師，感謝楊老師慷慨同意將手稿資料與藏書，致贈臺大圖書館典藏，遺愛母校。

楊老師的談笑風生，彷彿回到二十多年前我與他初識模樣，他說，「我都安排好了，隨時上路，素娥（徐如林），你告訴他們，我的後事要怎麼辦！」

徐如林於是說，有位好友文史工作者陳政三在七月間因肺癌去世，八月六日辦告別式，楊老師要她去「觀摩」追思禮拜過程和樹葬作法，不料當天要辦告別式的人很多，火化必須排隊，程序頗長，再加上等候室現場空間擁擠吵雜，讓許多年長親友非常辛苦，這樣恐怕造成參加者的麻煩。

因此，楊老師決定把告別儀式的程序改變：死後儘速火化，再擇日辦告別禮拜，地點就在中山南路濟南教會。

楊老師笑著說：「現在十分清醒，也許明天就昏迷不醒。這是我自己決定的，我都安排好了！」、「人死了趕緊燒一燒就好，不要送冰凍，浪費能源！」、「骨灰就用樹葬，埋在土裡，回歸大自然！」、「但你們一定要來參加哦！因為你們是我最要好的朋友！」

「我就像盛開的櫻花，等待朝陽升起！」楊老師用這首日本古詩，來自喻當下心情。

「櫻花在盛開最美時候，一陣風吹來就落英繽紛，這是何等的絕美與氣勢？也是人生的最高境界！我在這個時候離開，正是最好的時間！我能做的大概都做了。」

徐如林接著說：「這個時候走，大家都說『哇！好可惜！』總比十年後有人說：『原來這個人還活著啊？』來得好！我們都講得很直接。」聽到如此豁達開闊的交代，我回說，櫻花盛開，等待朝陽，這得登好多山、讀好多資料、寫好多書，楊老師您確實都做到了。一聊起詩歌，楊老師彷彿又回到青春少年，拿出筆記簿，給我們看他在病床上寫的兩首詩。

男兒立志出鄉關，學若無成不復還。
埋骨何期墳墓地，人間到處有青山。

少年易老學難成，一寸光陰不可輕。
未覺池塘春草夢，階前梧葉已秋聲。

他說，這兩首詩是他非常喜歡的作品，高中一年級起就當成終生座右銘，這也是他的人生出發點，說著說著，便用日文吟唱起來！還剖析說，第一首詩的重點在「男兒立志出鄉關」中的「關」，「鄉關」就是一道關卡，形體離開故鄉不是「出鄉關」，而是把學成當成最重要目標，求學如同作戰，沒有學成，死也不回鄉，這個關卡一定要克服！這首詩確實傳頌流長，原作者是日本幕末尊皇攘夷派僧人月性，題為〈將東遊題壁〉，月性好友、明治維新三傑之首西鄉隆盛改寫成「男兒立志出鄉關，學不成名死不還。埋骨何須桑梓地，人生無處不青山。」

第二首則是宋代大儒朱熹的〈偶成〉，也是勉勵年輕人要把握時間學習，但楊老師特別提示後兩句「未覺池塘春草夢，階前梧葉已秋聲」的藝術性，兼具形容時光悄逝與文學意境之美。

講起文學，楊老師此時完全化身文藝青年，心情大好，接著上起俳句課。他拿起前幾天在病床上，晚上睡不著，信手寫下的俳句吟唱起來。

古池や蛙　飛びこむ　水の音
（古老的池塘　一隻青蛙跳下去　水的聲音）

《臺灣原住民系統所屬之研究》是楊南郡譯註日文文獻的最高成就。

「這是日本俳句大師松尾芭蕉的經典作品！你們知道好在哪裡嗎？」

我說，這意境應該有點像「鳥鳴山更幽」吧？「沒錯！寧靜是最難形容的！只有靠有聲去打破無聲，才能突顯鄉野夜間的靜寂！」

天南地北一番，難免又聊到楊老師最受重視的，日治時代臺灣調查經典鉅著的翻譯與註解。他很開心地說，幾年前譯註的《臺灣原住民族系統所屬之研究》（臺灣高砂族系統所屬の研究，臺北帝國大學土俗人種學教室，移川子之藏、宮本延人、馬淵東一著）賣得不錯，不僅臺灣，連日本學者，只要是相關領域的學者，都想要擁有一套，終於讓老友南天書局老闆魏德文名利雙收。

為什麼呢？日本人看不懂日文，還要臺灣人翻譯成中文，他們才看得懂嗎？

「當然不是！日文不難懂！難的是，要走過臺灣的七百多個部落，登過每一座山、涉過每一條溪河，才知道當年這些學者的踏查是在描述甚麼？現在的日本學者，哪個有像以前那樣，來臺灣上山下海？當然看不懂前輩學者的論述！」

橫濱大學名譽教授笠原政治曾說：「七十年來，這本書沒有被適當的譯出，已成為學術研究的『重大障礙』。幸而楊南郡先生把它翻譯註解出來，嘉惠了所有研究臺灣原住民的學者。」

學問淵博的馬淵東一晚年思慮過度，大作《臺灣原住民族的移動與分布》內容艱深，連專家都難領悟，馬淵的得意門生（大弟子）——笠原政治教授拜托楊南郡先生趕緊翻譯、註解出來，「讓我們能夠瞭解馬淵老師真正的想法。」

出書之前，馬淵東一的兒子，日本東海大學國際文化學部教授馬淵悟說：「我父親的論文非常難理解，非常高興楊先生您能夠翻譯註解出來。」更有許多日本學者來南天書局，一次就購買好幾本，原來都是受託來「團購」的。

「用腳做學問」果然是楊老師成為臺灣登山與學術界傳奇的最重要關鍵！

聊著、聊著，主治醫師來巡房了。訪客滿懷期待的問：「楊老師現在狀況

病逝前一個月，在高雄演講後，遊覽高雄港與駁二藝術特區。

這麼好，是不是因為只打生理食鹽水，把癌細胞都餓死了？」醫師說：「那是嗎啡的鎮痛與類固醇的消炎作用。」毫無風情地解開大家疑惑。

楊老師當時已七天沒有進食，每天只注射四百毫升生理食鹽水，斷絕其他營養補給，但排尿每天約有一千三百毫升，臉色卻更加豐潤。

他婉惜地說：「現在精神這麼好、講話聲音也很宏亮。可惜上個月中旬，陳菊市長邀我參觀高雄港『駁二藝術特區』時，沒什麼精神，聲音也很沙啞，實在很沒禮貌，對陳市長真是不好意思！」

訪客們被楊老師最後關頭仍展現雲淡風輕的雍容大度所感動，病房裡盡是談笑風生，毫無感傷悲愁。真的就像陳耀昌醫師所說：「這是最不安寧的安寧病房」。

所有訪客都把握與偶像最後的合影機會，手機、相機全拿出來多拍幾張。雖然楊老師精神不錯，訪客們也都知道要適時讓他休息，無奈下一波訪客又來了。

徐如林說：「本來楊老師都說：『今天訪客太多，我累了。你們說話，我聽

因為楊南郡喜歡這兩首詩，監察院副院長孫大川先生特別寫下來送給他。

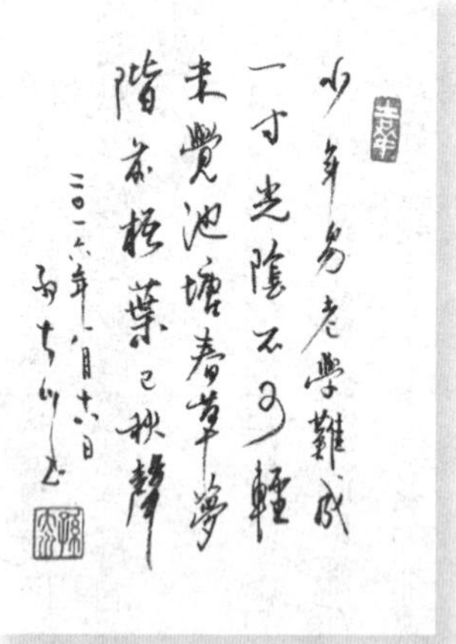
少年易老學難成
一寸光陰不可輕
未覺池塘春草夢
階前梧葉已秋聲
二〇一六年八月十六日
孫大川書

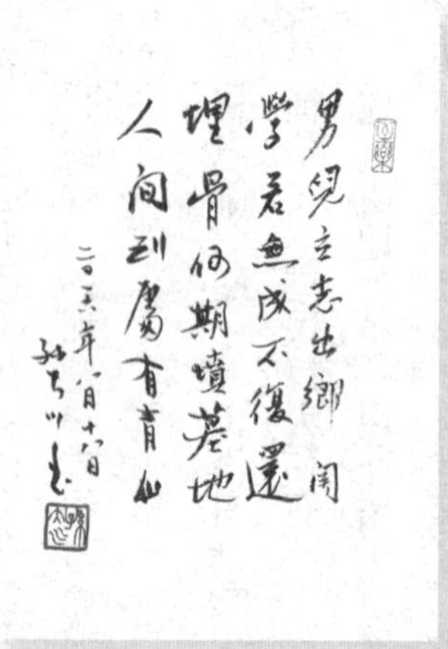
男兒立志出鄉關
學若無成不復還
埋骨何期墳墓地
人間到處有青山
二〇一六年八月十六日
孫大川書

大家講就好。』但結果還是他講最多。」

楊老師果然又接話：「好朋友來，我當然很開心興奮，大家都走了，我就沒精神了。」聊了兩個半小時，確實終將告別。明賢說，「楊老師一直在打破紀錄，這次也繼續創造紀錄，堅持信心地好起來吧！」我說，「楊老師，就這樣繼續、繼續下去吧！」楊老師點頭微笑，目送訪客離去。

二〇一六年八月廿七日清晨，登山者楊南郡悠然出發登頂去了！

——《報導者》二〇一六、九月

【附錄】

狂風暴雨三人行。

——追憶與楊南郡、林淵源的大分事件踏查行

徐如林

二〇〇五年五月中，我在水里玉管處和當時的林青處長閒聊時，不經意的提起大分事件。因為當時正是大分事件爆發九十周年，卻少有人知道玉山國家公園內的布農族祖先們，曾經英勇的發動抗日，並以智慧和韌性，抵抗長達十八年，直到臺灣總督與警察當局低頭示弱，才結束這漫長的對抗。

「大分事件與太魯閣戰爭、霧社事件，並稱為日治時代『三大理蕃事件』。八通關越嶺道也是為了這件事而開的呀！玉山國家公園範圍內，有這樣重大的歷史事蹟，應該要把它調查彰顯出來！」我這樣向林處長提議。

「真的有這樣重要的歷史和遺跡，那是一定要調查清楚的。」林青處長在驚訝之餘，很快的下了決定：「那麼，這件事情就要拜託妳和楊南郡老師來幫忙了。」

「啊，我……」我沒想到閒聊幾句，居然惹了個大麻煩上身。

八通關越嶺道與大分遺址一帶，我們已經去過很多次了，然而最近的一次，是在調查清代八通關古道時順便去的，算起來也有將近二十年沒有到現場了。我這個人寫文章之前有點龜毛，沒有親自為了大分事件去走一趟八通關越嶺道，細數一下沿途的日警陣亡紀念碑，總覺得不踏實。此外，我們往昔調查古道時，都是選在秋末冬初的乾燥季節，我希望在大分事件爆發日的前一天及當天，親自到大分部落遺址，感受同一時間的氣候與氛圍。

一九一五年五月十二日，位在拉庫拉庫溪南岸的喀西帕南警官駐在所，因為日警以刑求逼槍的殘暴舉動，引發了喀西帕南事件，五天後的五月十七日清晨，大分警官駐在所也被五十三名布農族施武郡人攻入，全體殲滅。

五月，不正是不太適合走進山裡的梅雨季節嗎？為了配合我的想望，國家公園管理處勉為其難的答應我們的此趟行程，同時派出天字第一號的巡山員——小泰山林淵源與我們同行。

二〇〇六年五月十二日到達水里當天，氣象圖上有個名為珍珠的颱風，正

楊南郡與林淵源為追查布農抗日事件而走八通關越嶺道。

侵襲過菲律賓，造成四十一人死亡後，繼續向西越過南中國海往越南而去，當時擔任課長的林文和很憂心的說：「我看你們還是改期好了。」

「珍珠颱風已經走了，何況，改期就不是大分事件發生的季節了。」

「那你們一路要小心，有狀況馬上回頭。還有，別讓林淵源揹太重，這位大哥最近關節有點問題。」

「沒問題，沒問題！」我趕快說：「公糧、裝備分三等份，我、楊老師和林大哥各揹一份，重量都一樣。」我非常得意的說：「多年研究，我對於食物裝備的減重已經非常厲害了。」

果然厲害，林淵源大哥一手提起他要分擔的那一袋東西，懷疑的說：「這麼輕啊？八天要吃的用的都在這裡嗎？」於是，他把我們送他的，額外的四瓶金門高粱都塞進背包裡，興奮地說：「我要帶去大分山屋埋起來，等美秀老師來調查黑熊時就可以挖出來請她喝了。」

很順利的第一天，在觀高拍攝了滿滿的法國菊。隔天，在中央金礦午餐時，巧遇聯合報同仁的秀姑巒登山隊伍，大家寒暄互祝平安，還詫異我們三人

中途休息時，兩人互不相讓的飆歷史。

吃得這麼豐盛。下午，邊走邊懷念從前調查清代八通關古道的往事，林大哥一路詢問古道的路徑和遺跡，因為他的管區在東部拉庫拉庫溪流域，中央山脈以西的部分，對他來說算是比較陌生的。

一九八七年，我們調查清代八通關古道時，有人向我們推薦「小泰山林淵源」。當時發現他只熟悉東部的獵區，因此我們請了老朋友，東埔部落的伍萬生和伍明春，以他們幼年時，聽過老人家和廣東兵的口述為線索，找出了古道的路徑。然而，在東部阿波蘭池以東，我們第一回探查所漏失的部分，最後還是央請林大哥來協助，總算才補齊了。

二〇〇六年五月這一趟路之前，我們雖然與林淵源大哥一起上山好幾回，但都是大隊人馬的活動，少有機會獨處交談。這一回，只有三個人一起走七天，感覺上是一個很緊密的隊伍，休息時談話的內容也不一樣，很私密的，心裡真誠的話都可以說出來。這時候，我才發現：一向跟著大家敬稱的「林大哥」，其實還小我三歲，於是就端出姊姊的架子來了，開始學楊老師直呼其布農名「海樹兒」。海樹兒也立刻改變態度，變成弟弟一樣恭謹了。

這一天我們剛到大水窟山屋時，天空驟然下起大雨，我們慶幸躲過一劫，不知道這是珍珠颱風轉向的徵兆。半夜雨停，滿月映照在滿水的大水窟池上，就像裝了上、下兩個大型探照燈，把這一帶的高山都照得清清楚楚，一頭高大的雄水鹿，正站在大水窟池內，低頭啃食水草。如今，在山上看見水鹿已經不稀奇了，然而十年前，我是第一次那麼清晰的近看這一頭美麗的動物，那樣安詳的在月光下、水池中……

隔天清晨，我很興奮的告訴昨夜睡得像豬的二人，海樹兒輕描淡寫的說：

「有啊，昨天下午，我就看到牠在稜線上，晚上也聽到牠的叫聲。」

「咦？那為什麼我昨夜叫你們起來看，都叫不醒你們！」

「如果是以前，我就跳起來拿獵槍，自從當了巡山員之後，很奇怪哦，我就跟動物相安無事了。」

這一天天氣非常好，大水窟一帶高山杜鵑盛開，像鋪了一山粉紅色的織毯，海樹兒從花間走過時，我幫他留下美麗的身影。

經過米亞桑駐在所遺址時，海樹兒說：「真正的米亞桑不在這裡，應該是在米亞桑溪右岸半山腰，發音是買阿桑（Mai Asan）才對。Mai 是過去的，Asan 是大部落（Asandaiga）的簡稱，意思是：那裡過去是一個大部落，後來就沒人住了。」

楊南郡接著說：「沒錯，從前住在濁水溪流域，巒大溪與郡大溪的布農人向東部移民時，翻過中央山脈下到拉庫拉庫溪流域，第一站就是暫時住在 Mai Asan 那個地方，移民的大家族休息時，年輕人就先去預定要定居的地方準備好，再回來幫助婦女和老人家過去。」

一路上，他們兩人一直你來我往的飆歷史，海樹兒是從老人家那兒聽來的，楊南郡是從歷史文獻看來的，我在一旁拚命的記錄，不知不覺就走到托馬斯了。

托馬斯（Dumas）原意是黑熊，會用這名字，表示這裡的臺灣黑熊很多吧！曾經是獵人的海樹兒，指著樹幹上熊爪的痕跡說：「這個爪痕還很新鮮，表示黑熊離這裡不遠，我可以用山羌受傷的哀嚎聲，把牠吸引過來。」說著，海樹兒就摘了一片樹葉，摺了一下放在脣邊，吹出山羌的悲鳴。真是太神奇了！我趕快請他停止，以免真的引來黑熊。

海樹兒說：「我們布農人是很尊敬熊的，把牠當成人一樣的看待，不會特意去獵殺熊。但是，有時候不得已要殺熊，或是不小心殺了熊，就要做很多儀式來安撫黑熊的靈魂，否則，部落會遭殃，隔年一定會歉收。」說著，他就撮口發出響亮的嘯音，然後吟唱悠長的哀嘆。他說：「打到黑熊不能直接進部落，要在部落範圍外吟唱哀歌，讓大家都聽到，老人家和祭司就會帶著祭祀用的物品，領著族人來迎接。」

海樹兒說這些話和吟唱黑熊喪歌的神情，完全不像平日的樣貌，感覺上就像古老傳說中的一部分，讓我低迴不已。

五月十五日，珍珠颱風在越南造成卅七人死亡兩百九十八人失蹤後，行徑路線怪異地折向北北東，沿著臺灣海峽而上，原本已經認為脫離颱風威脅的臺灣島，再次進入暴風圈。十六日早晨我們離開托馬斯往大分的途中，明顯的感受雨勢的加大。我們在雨中一邊拍照，一邊記錄，全身都溼透了。海樹兒說：「沒問題的，到大分山屋時，就有熱水可以洗澡了。」真的假的？整天下雨，靠著太陽能加熱的水還能用嗎？

到大分山屋時，果然真的有燒滾滾的熱水可用，真是太神奇了！我們大大的清洗一番後，換上乾衣服，走在大分駐在所與部落遺址上觀察。原本的房舍都沒了，只留下家屋的石砌矮垣，還有一層層的石砌駁坎。兩棵老梅樹已經結實纍纍，淺綠或黃熟的梅子，掛滿枝頭還落滿地面，發出濃郁的梅子香氣。我回到山屋拿了鐵鍋，裝滿一鍋梅子，用鹽醃起來。想像大分事件發生的前一天，日本警察的太太，是否也拿這些黃熟的梅子，用來醃漬日本人最愛的鹹梅？

五月十七日大分事件爆發當天，我們來到舊大分駐在所的遺址。九十一年前，布農族大分部落群的勇士們，在清晨衝入駐在所，斬殺正在吃早餐的日本警察。

我們趁著暴雨暫停時，趕快拍下遺址與紀念碑。然後，是此行很重要的一個歷史重建，我們希望知道，當年第二次大分事件，托西佑社頭目阿里曼布昆與他的妻子，率領其他廿一個布農勇士，向新建的大分警察官吏駐在所，一步一步走上去的心情。

「阿里曼布昆就是揹著一頭活豬，一步步走到這裡，日本人為了防止他逃脫，兩邊都站滿警察，手持上了刺刀的步槍。」楊南郡把他從日本文獻上看到的紀錄，分享給海樹兒：「阿里曼布昆走到這裡，因為心裡害怕而腳軟，差一點跪下了去。他的太太 Moa，從後面伸手扶住他，沉聲的說：『站直起來，像個布農族的男子漢，別讓日本人看輕了！』……」

「啊！這件事是真的嗎？我們布農族的女人就是這麼堅強！」海樹兒眼眶

含淚說：「我真的很感動。」事後，我多次聽到海樹兒向別人轉述這一段故事，可見得他真的受到很大的感動啊。

五月十七日深夜，珍珠颱風暴風圈的東半邊，已經籠罩整個臺灣島，由於攜帶了南海的熱量與水氣，風力一度暴增到每秒六十九公尺，雨勢更是如瀑布般直瀉下來，那是超級強烈颱風的規模了。

臺灣西部幸虧有中央山脈阻擋，感受不到颱風的威力，而大分所在的拉庫拉庫溪流域，正是直接面對狂風暴雨的迎風面。山屋在風雨中像地震一樣搖晃，我們三個人無法裝作沒事一樣安睡，就起來商議明日的行程。

「這雨不知道會下多久？繼續下去道路會被沖垮，我們應該趁早下山，以免山下的人擔心。」於是，我們起來收拾背包，早早的把三餐的飯煮好，吃了早餐，帶著飯糰，就在凌晨天色未明之前出發了。

由於八通關越嶺道大部分都是山腰路，路面盛接著山坡上流下來的雨水，幾乎就像走在水深沒脛的小溪中，經過石洞吊橋（八號橋）時，發現原本屬於溪澗規模的伊霍霍爾溪左支流，竟然變成有如萬馬奔騰的大瀑布！被上游巨石阻擋而激起的水柱，騰空直接沖到橋面上，衝擊橋板，有如一道巨大的水牆，阻擋在我們面前。

「哇！我第一次看到水量這麼大的小支流。」我砸舌說：「從前看到吊橋橋板脫落，原住民老人家說是颱風溪水沖壞的。我一直懷疑吊橋距離溪底那麼遠，溪水怎麼可能暴漲到這麼高來沖走橋板？今天親眼看到，原來是溪水自上方跳躍過來的呀！」

我們商量了一陣子，不可能走回大分山屋，那麼就要冒險通過石洞吊橋了。

為了怕被瀑布般的溪水沖走，我們把帽帶繫緊，覆蓋整個背包的雨衣也綁好，三個人手臂勾緊，由海樹兒領前、楊南郡在後，我就像三明治的夾心一樣被緊緊夾在中間。

我們深深吸一口氣，走進瀑布中的吊橋，嘩！嘩！嘩！在一陣陣令人頭昏目眩的水柱衝擊後，終於通過吊橋了。檢視一下戰果，原本繫得牢牢的帽子已經不知去向，三個人的雨褲也都被沖到膝蓋以下了！

過了這一關，我們忐忑地向櫻橋（七號橋）前進，不知道水量更大的伊霍爾溪主流，會是怎樣的光景？所幸櫻橋完全沒問題。海樹兒說：「快到抱崖山屋了，我們今天這麼辛苦，就不要趕到瓦拉米山屋，在抱崖山屋過夜，看看明天雨會不會小一點。」

然而，距離抱崖山屋不到一百公尺，我們再度被打敗了。

原本一條無名的小溪溝，此時已變成濁浪滾滾的大洪流了。小泰山林淵源放下背包，花了一個多小時，往上游、下游不斷搜尋過溪的可能路徑，卻只能搖頭嘆氣的回來。

望著對岸的抱崖山屋，再回看八通關越嶺道石洞內滾滾的流水，楊南郡嘆一口氣說：「今晚我們就辛苦一點，揹著背包站在石洞的水裡過一夜吧！」

「等一下！」海樹兒說：「我十歲的時候跟爸爸來過這附近打獵，我記得下面有一個山洞可以過夜。」十歲，那就是四十年前的事了。我們半信半疑，但也沒有其他更好的辦法，只好跟著海樹兒拉著樹藤衝下陡坡。

果然，有一個山羊洞穴，大概就能容納三個人，我們脫下雨衣，趕緊搜尋吸附身上的螞蝗（水蛭），乖乖，每個人都抓出十多隻！當晚，在溪聲、雨聲之中，我們聽到山羊抗議似的「咩！咩！咩！」叫了一整夜。

珍珠颱風被臺灣的中央山脈切成兩半之後，很快的威力減弱成熱帶性低氣壓，雨勢漸漸變小了。隔天早上九點多，溪澗雖然水量還大，但是幾個大石塊已經露出水面了，我們跳石而過，揮別無緣過夜的抱崖山屋，一路狂奔下山，結束這一趟風雨驚險之旅。

這是《最後的拉比勇》，以及後來的《大分・塔馬荷：布農抗日雙城記》成書的背後故事。

沒想到十年後，我們三個人又遭受一場人生的大風暴。

先是，二〇一四年七月底，楊南郡發現罹患食道癌，經過化療、放射治療，以及三次手術，每次都從奄奄一息中又努力活過來。二〇一五年五月，國立東華大學舉辦「大分事件百周年」的研討會，我們應邀到場演講時，才知道海樹兒也因為罹癌，正在花蓮慈濟醫院接受化療。

回想上個月在卓溪鄉舉行大分事件百周年紀念會的前夕，特地帶著年輕布

布農族紀念大分事件一百周年，頒發布農之友獎牌給楊南郡。

農到大分遺址祭奠祖先的海樹兒剛剛下山。我還拍著他的肚皮笑罵說：「胖成這樣，連脖子都不見了！」原來，是因為頸部的淋巴惡性腫瘤已經到末期了啊？

我們心中有如壓著一塊巨石，難過到演講語氣沉重，連午餐都吃不下。

演講結束後，陳毅峰老師載我們在暴雨中飛車前往慈濟醫院探望海樹兒，把演講費一古腦兒塞給他。當時，海樹兒對他自己的病完全不放在心上，他說：「我這麼強壯的身體，一點癌症沒什麼，只是這種針很麻煩，要打很久……」

半年後，我們再度前往卓溪鄉海樹兒家裡探視他時，受到病魔與化療雙重折磨的海樹兒已經暴瘦了三十公斤。

海樹兒勉強的從沙發上撐坐起來說：「楊大哥，我們要一起好起來，再一起上山……」

二〇一六年六月十四日，海樹兒先走一步，八月廿七日，楊南郡也跟著出發了。

——《國家公園季刊》二〇一六　冬季號

〔附錄〕

楊南郡年表。

一九三一　十一月廿八日，生於日治時期臺灣的臺南州新豐郡龍崎庄中坑子，出生地舊稱「番社溪」或「大溪」，為西拉雅族新港社後裔。

一九四四　四月，在關廟公學校畢業典禮當天收到紅色召集令，隔天到高雄左營報到，登船赴神奈川縣，在高座海軍兵工廠航空技術廠製造零式戰鬥機。

一九四五　八月，日本投降，等待遣返期間，以戰勝國國民身分在日本謀生。

一九四六　四月回到臺灣，是八千四百一十九個臺籍少年工中四千個幸運回臺灣的一位。回臺灣後，就讀佛教商業學校初中二年級，開始學習中文。

一九四八　就讀基督教淡江中學高中部，一年後以帶動學潮遭到退學。

一九四九　就讀臺南二中。

一九五〇　考上臺灣大學外文系。大一時，曾獲全國大專院校武術比賽冠軍。

一九五五　大學畢業，以海軍預備軍官身分派在左營海軍基地公關組。

一九五七　海軍退役，任職於臺灣省電影製片廠。
一九五八　高雄女中英文教師。
一九六〇　臺南美國空軍基地，特別調查組調查員。
一九六七　四月開始登高山，十月廿六日登上雪山（第一座百岳）。
一九七五　離開臺南美國空軍基地，到臺北任職美國大使館領事組。
一九七六　六月廿九日，在鹿山完成臺灣百岳。
一九七八　九月三日與徐如林結婚。
一九七九　美國大使館改制為美國在臺協會。
一九七九　十月，日本自助旅行，從北海道到京都卅三天，登頂富士山。
一九八〇　十二月十三日，女兒曉珞出生。
一九八一　五月～七月，歐洲自助旅行六十三天，以阿爾卑斯山區為主。從地中海到北極圈。
一九八三　一月廿一日，兒子曉峰出生。
一九八四　十月，尼泊爾自助旅行卅天，安納普魯娜山基地營健行。
一九八五　七月，接受內政部營建署委託，調查太魯閣國家公園內的合歡越古道。
一九八六　八月，非洲自助旅行卅四天，登頂肯亞山。

一九八六　九月，接受玉山國家公園管理處委託，調查清代八通關古道，兩年。
一九八九　七月，帶女兒、兒子到美國自助旅行四十天。
一九八九　十一月，自美國在臺協會退休。開始譯註日治初期，臺灣探險三傑鳥居龍藏、伊能嘉矩，森丑之助的調查資料。
一九八九　十二月，紐西蘭、澳洲自助旅行三十二天，大堡礁潛水之旅。
一九九二　以〈斯卡羅遺事〉獲第十五屆中國時報文學獎報導文學類首獎。
一九九五　七月，帶女兒、兒子參加婆羅洲國家公園之旅，登頂基納峇魯山。
一九九五　九月，受邀到日本遠野市，在伊能嘉矩渡臺百年紀念會上演講。
一九九六　以《臺灣百年前的足跡》獲第十九屆中國時報文學獎。同書也獲得臺灣教授協會推薦「臺灣十大好書獎」。
一九九六　《探險臺灣：鳥居龍藏的臺灣人類學之旅》獲聯合報年度好書獎。《鹿野忠雄：縱橫臺灣山林的博物學》獲教育部原住民著作翻譯甲等獎。
一九九八　國立東華大學文學院兼任副教授。
一九九九　五月，獲得臺灣文獻委員會第一屆「傑出文獻工作獎」。
二〇〇〇　《生蕃行腳》獲網路明日報，年度好書獎。

二〇〇五　代表臺灣參加日本山岳會百周年紀念會。

二〇〇六　八月，代表臺灣赴美國參加世界健行會年會。

二〇〇七　一月，在日本東京新宿京王飯店演講：「森丑之助」。

二〇〇七　十月，代表臺灣赴義大利參加世界健行會年會

二〇〇七　接受原民會委託譯註原住民研究經典《臺灣高砂族系統所屬の研究》，花費七年時間辛苦完成《臺灣原住民族系統所屬之研究》（上／下兩冊）

二〇一〇　十一月國立東華大學原住民民族學院，為表彰楊南郡的研究對臺灣原住民與相關學界之貢獻，授予社會學科名譽博士學位。這也是東華大學創校以來首次頒授之名譽博士學位。東華大學也同時舉行「楊南郡先生及其同世代臺灣原住民研究與臺灣登山史國際學術研討會」，祝賀其八十大壽。

二〇一一　八月起擔任原住民族委員會「原住民族文獻會」副主任委員至二〇一四年八月。

二〇一二　八月，楊南郡、徐如林合著，林務局出版的《能高越嶺道：穿越時空之旅》在臺灣大學圖書館舉行新書發表會，邀請《霧社事件》漫畫作者邱若龍和《賽德克．巴萊》電影導演魏德聖與會。

二〇一一　十一月十五日，國立臺灣大學校慶當日，獲頒為「國立臺灣大學傑出校友」。

二〇一二　四月，與《鹿野忠雄》工作小組赴日本京都大學、大阪民博拍攝影片。

二〇一二　六月，《能高越嶺道：穿越時空之旅》獲第四屆國家出版獎特優獎。《鹿野忠雄》DVD獲第四屆國家出版獎優良獎。

二〇一二　九月起，國立中興大學歷史系「臺灣歷史人文講座」至二〇一四年六月。

二〇一二　十一月，吳三連獎基金會表彰楊南郡以登山為基礎，研究臺灣高山古道與原住民社會，對報導文學深具貢獻，頒贈第三十五屆吳三連獎文學獎報導文學類。林懷民曾讚譽其文章具備「冷靜的人文關懷」，當天排除萬難擔任頒獎人。

二〇一三　國立東華大學民族學院兼任研究所副教授。

二〇一四　四月《浸水營古道：一條走過五百年的路》在臺灣大學圖書館舉行新書發表會。

二〇一四　六月《浸水營古道》在臺灣歷史博物館舉行新書分享會。

二〇一四　七月九日在合歡山遊客中心演講「太魯閣戰爭與合歡越嶺道」，同時在合歡山區展開調查工作。

二〇一四　七月卅日，發現罹患食道癌。開始進行化療與放射治療。

二〇一四　九月，臺北藝術大學關渡講座，擔任講座教授。

二〇一四　十一月，進行長達十小時之食道癌切除與重建手術。

二〇一五　一月，大腸癌切除手術。

二〇一五　三月十二日獲行政院農業委員會頒發林業及自然保育有功人士。

二〇一五　四月，因長期研究大分事件與布農族歷史，獲得卓溪鄉長與布農族十六位部落頭目給與「布農族之友」頭銜。

二〇一五　四月、五月司法官研習營「特富野古道健行」共三趟。

二〇一五　六月，《浸水營古道：一條走過五百年的路》獲第三十九屆金鼎獎「政府出版品獎」。

二〇一五　八月卅一日，癌細胞轉移至頸部淋巴系統。

二〇一五　九月，切除頸部惡性腫瘤。

二〇一六　一月，切除頸部惡性腫瘤。

二〇一六　五月廿八日譯註的鹿野忠雄《東南亞細亞民族學先史學研究》，在臺灣大學圖書館舉行新書發表會。

二〇一六　六月十四日，切除頸部及鎖骨下與左胸惡性腫瘤，傷口長達七十公分。

二〇一六　六月卅日《合歡越嶺道：太魯閣戰爭與天險之路》在臺灣大學圖書館舉行新書發表會。

二〇一六　七月十六～十八日，高雄演講、遊覽及訪問老友林古松。

二〇一六　七月廿六～廿七日，宜蘭演講及太平山見晴步道、翠峰湖。

二〇一六　八月十二日，證實頸部惡性腫瘤瀰漫性復發，無法治療。決定不接受無意義的延命醫療。

二〇一六　八月十五日，受洗成為基督徒。隔日入住臺大醫院安寧病房。

二〇一六　八月廿七日，凌晨在睡夢中辭世，當日火化。享年八十六歲。

二〇一六　九月八日，行政院院會通過文化部所提「楊南郡先生褒揚令申請案」，肯定楊南郡先生致力南島語族歷史、文化與古道踏勘研究之貢獻。

二〇一六　九月十八日，於濟南教會舉辦告別禮拜。副總統陳建仁出席頒發「褒揚令」，原住民族委員會追頒「一等原住民族專業獎章」。禮拜結束，依照楊南郡遺願，樹葬於木柵富德公墓詠愛園。

〔附錄〕

楊南郡著作一覽。

古道調查與研究報告

一九八六　《合歡越嶺古道調查與整修研究報告》（錐麓古道、立霧溪掘鑿曲流），太魯閣國家公園委託調查

一九八七　《清代八通關古道調查報告》（竹山—大水窟段），玉山國家公園委託調查

一九八八　《清代八通關古道調查報告》（大水窟—玉里段），玉山國家公園委託調查

一九八九　《合歡古道西段調查報告》（合歡山—關原—卡拉寶段），太魯閣國家公園委託調查

一九九〇　《雪霸國家公園步道系統調查報告》，雪霸國家公園委託調查

一九九〇　《太魯閣國家公園合歡古道西段調查報告》，太魯閣國家公園委託調查

二〇〇〇《清代北路（蘇花古道）調查研究報告》，太魯閣國家公園委託調查
二〇〇二《霞喀羅國家步道人文史蹟調查與解說》，林務局委託調查
二〇〇三《浸水營古道人文史蹟調查研究報告》，林務局委託調查
二〇〇三《能高越嶺道人文史蹟調查報告》，林務局委託調查
二〇〇五《阿里山鄒族古道系統人文史蹟調查報告》，林務局委託調查
二〇〇五《崑崙坳古道暨阿塱壹古道人文史蹟調查報告》，林務局委託調查
二〇〇七《大分事件調查》，玉山國家公園委託調查
二〇〇八《馬武督地區人文史蹟調查研究報告》，林熊徵學田基金會委託調查

著作

一九八一《臺灣風景線》徐如林著，楊南郡攝影，巨龍文化
一九九三《與子偕行》楊南郡、徐如林著，晨星
一九九六《尋訪月亮的腳印》楊南郡著，晨星，初版
一九九六《臺灣百年前的足跡》楊南郡著，玉山社
二〇〇三《海よ山よ：十一民族作品集》楊南郡、孫大川等著，東京都草風館
二〇〇五《幻の人類學者森丑之助：臺灣原住民の研究に捧げた生涯》楊南郡

著；笠原政治、宮岡真央子、宮崎聖子編譯，風響社

二〇〇七　《最後的拉比勇》徐如林、楊南郡著，玉山國家公園

二〇一〇　《大分．塔馬荷：布農抗日雙城記》徐如林、楊南郡著，南天

二〇一一　《能高越嶺道：穿越時空之旅》徐如林、楊南郡著，農委會林務局

二〇一四　《浸水營古道：一條走過五百年的路》徐如林、楊南郡著，農委會林務局

二〇一五　《我的學思歷程8》「山嶽探勘的傳奇人物——楊南郡」篇，楊南郡著，臺灣大學出版中心

二〇一六　《合歡越嶺道：太魯閣戰爭與天險之路》徐如林、楊南郡著，農委會林務局

二〇一六　《與子偕行》（增修版）楊南郡、徐如林著，晨星

二〇一六　《尋訪月亮的腳印》（紀念典藏版）楊南郡、徐如林著，晨星

譯註

一九九五　《臺灣原住民映像：淺井惠倫教授攝影集》笠原政治編，楊南郡譯，南天

一九九六　《探險臺灣》鳥居龍藏原著，楊南郡譯註，遠流

一九九六　《平埔族調查旅行》伊能嘉矩原著，楊南郡譯註，遠流

一九九六　《臺灣踏查日記》（上／下兩冊）伊能嘉矩原著，楊南郡譯註，遠流

一九九八　《鹿野忠雄：縱橫臺灣山林的博物學》山崎柄根原著，楊南郡譯，晨星

一九九八　《鳥居龍藏：縱橫臺臺灣與東亞的人類學先趨》中薗英助原著，楊南郡譯，晨星

二〇〇〇　《山・雲與蕃人》鹿野忠雄原著，楊南郡譯註，玉山社

二〇〇〇　《生蕃行腳》森丑之助原著，楊南郡譯註，遠流

二〇〇二　《臺灣百年花火》伊能嘉矩等原著，楊南郡譯註，玉山社

二〇〇五　《臺灣百年曙光》移川子之藏等原著，楊南郡譯著，南天

二〇一一　《臺灣原住民族系統所屬之研究》（V.1 本文篇，V.2 資料篇），臺北帝國大學土俗人種學研究室原著，楊南郡譯註，原民會、南天

二〇一四　《臺灣原住民族移動與分布》馬淵東一原著，楊南郡譯註，原民會、南天

二〇一六　《東南亞細亞民族學先史學研究》（上／下兩冊）鹿野忠雄原著，楊南郡、李作婷譯註，原住民族委員會

國家圖書館出版品預行編目資料

連峰縱走——楊南郡傳奇的一生／徐如林著.--初版.
-台中市：晨星，2017.08
面；公分，——（自然公園；081）
ISBN 978-986-443-296-7（平裝）
1.楊南郡 2.臺灣傳記
783.3886 106011144

自然公園 81

連峰縱走

——楊南郡傳奇的一生

作者 徐 如 林
主編 徐 惠 雅
美術編輯 林 姿 秀
封面設計 黃 聖 文

創辦人 陳銘民
發行所 晨星出版有限公司
台中市407工業區30路1號
TEL：04-23595820 FAX：04-23550581
http：//www.morningstar.com.tw
行政院新聞局局版台業字第2500號
法律顧問 陳思成律師
初版 西元2017年08月27日
二刷 西元2023年08月31日

讀者專線 TEL：02-23672044 / 04-23595819#212
FAX：02-23635741 / 04-23595493
E-mail：service@morningstar.com.tw
網路書店 http：//www.morningstar.com.tw
郵政劃撥 15060393（知己圖書股份有限公司）
印刷 上好印刷股份有限公司

定價300元

ISBN 978-986-443-296-7
Published by Morning Star Publishing Inc.
Printed in Taiwan

◆讀者回函卡◆

以下資料或許太過繁瑣，但卻是我們瞭解您的唯一途徑，

誠摯期待能與您在下一本書中相逢，讓我們一起從閱讀中尋找樂趣吧!

姓名：＿＿＿＿＿＿＿＿　性別：□男　□女　生日：　/　/

教育程度：＿＿＿＿＿＿

職業：□學生　□教師□內勤職員　□家庭主婦

□企業主管　□服務業　□製造業□醫藥護理

□軍警　□資訊業　□銷售業務　□其他＿＿＿＿＿＿

E-mail：＿＿＿＿＿＿＿＿＿＿＿＿　聯絡電話：＿＿＿＿＿＿＿＿＿＿

聯絡地址：□□□＿＿＿＿＿＿＿＿＿＿＿＿＿＿＿＿＿＿＿＿

購買書名：連峰縱走——楊南郡傳奇的一生

・誘使您購買此書的原因？

□於＿＿＿＿書店尋找新知時　□看＿＿＿＿報時瞄到　□受海報或文案吸引

□翻閱＿＿＿＿＿雜誌時　□親朋好友拍胸脯保證　□＿＿＿＿電台DJ熱情推薦

□電子報的新書資訊看起來很有趣　□對晨星自然FB的分享有興趣　□瀏覽晨星網站時看到的

□其他編輯萬萬想不到的過程：＿＿＿＿＿＿＿＿＿＿＿＿＿＿＿＿

・本書中最吸引您的是哪一篇文章或哪一段話呢?＿＿＿＿＿＿＿＿＿＿＿＿＿＿

・請您為本書評分，請填代號：1. 很滿意　2. ok啦!　3. 尚可　4. 需改進。

□封面設計＿＿＿＿　□尺寸規格＿＿＿＿　□版面編排＿＿＿＿　□字體大小＿＿＿＿

□內容＿＿＿＿＿　□文／譯筆＿＿＿＿　□其他建議＿＿＿＿

・下列書系出版品中，哪個題材最能引起您的興趣呢?

臺灣自然圖鑑：□植物 □哺乳類 □魚類 □鳥類 □蝴蝶 □昆蟲 □爬蟲類 □其他＿＿＿＿

飼養&觀察：□植物 □哺乳類 □魚類 □鳥類 □蝴蝶 □昆蟲 □爬蟲類 □其他＿＿＿＿

臺灣地圖：□自然 □昆蟲 □兩棲動物 □地形 □人文 □其他＿＿＿＿＿＿＿＿＿＿

自然公園：□自然文學 □環境關懷 □環境議題 □自然觀點 □人物傳記 □其他＿＿＿＿

生態館：□植物生態 □動物生態 □生態攝影 □地形景觀 □其他＿＿＿＿＿＿＿＿

臺灣原住民文學：□史地 □傳記 □宗教祭典 □文化 □傳說 □音樂 □其他＿＿＿＿＿＿

自然生活家：□自然風DIY手作 □登山 □園藝 □觀星 □其他＿＿＿＿＿＿＿＿＿＿

・除上述系列外，您還希望編輯們規畫哪些和自然人文題材有關的書籍呢?＿＿＿＿＿＿

・您最常到哪個通路購買書籍呢? □博客來 □誠品書店 □金石堂 □其他＿＿＿＿＿＿

很高興您選擇了晨星出版社，陪伴您一同享受閱讀及學習的樂趣。只要您將此回函郵寄回本社，或傳真至（04）2355-0581，我們將不定期提供最新的出版及優惠訊息給您，謝謝!

若行有餘力，也請不吝賜教，好讓我們可以出版更多更好的書!

・其他意見：＿＿＿＿＿＿＿＿＿＿＿＿＿＿＿＿＿＿＿＿＿＿＿＿＿＿

晨星出版有限公司 編輯群，感謝您!

請填妥後對折裝訂，貼妥郵票後寄出即可

郵票

請黏貼 8 元郵票

407
台中市工業區30路1號
晨星出版有限公司

請沿虛線摺下裝訂，謝謝!

更方便的購書方式：

1 網站：http://www.morningstar.com.tw
2 郵政劃撥　帳號：15060393
　　　　　　戶名：知己圖書股份有限公司
　請於通信欄中註明欲購買之書名及數量
3 電話訂購：如為大量團購可直接撥客服專線洽詢

◎ 如需詳細書目可上網查詢或來電索取。
◎ 客服專線：02-23672044　傳真：02-23635741
◎ 客戶信箱：service@morningstar.com.tw